生存革命

革命

楊志良 著

目錄

第一部　生存，充滿了危機

一、國家分崩離析 23

知識份子裡的一軍

王惠珀

　　幾年前楊志良教授致贈《台灣大崩壞》，這本書從公共衛生與人民健康福祉出發，暢談社會問題，敲開了人人關心的生命、生活及生存議題，聽說刷了九版。

　　這本書敲響了公共事務治理的思維及共識嗎？顯然沒有。因為往後多年，專業在台灣成了政治傾軋中的棄兒。於是九年後的今天，楊老師又有了《生存革命》一書。

　　筆者很榮幸獲邀為《生存革命》寫序。這本書以時間為軸，縱向切入，從包羅極多的研究資料及作者參與的國家治理經驗裡，寫出了台灣的國家治理與政治擺盪對社會的影響，是一本屬於社會寫實的歷史文獻。

　　楊老師的研究生涯是幸福的，因為台灣有著集權式的戶政、勞保及健保制度，人民為楊老師提供了科學研究的一手資料。本書以厚實的數據，鉅細靡遺探討政策對社會變遷造成的影響，也陳述了迫不及待需要解決的亂象，是

一本實踐「格物致知」、具有全方位視野的鉅作。

　　做為一個生命科學家，楊老師的書裡充滿人道思維。例如他說台灣「只有醫保，沒有健保」，發聾振饋，一針見血。他憂心「不婚、不生、不養、不活」的社會趨勢及生命傳承的斷鏈，將使不婚一族到老時無所依歸。於是在書裡針對國家政策、社會結構、經濟走向及個人的生活規畫，有著超前部署的先見之明。在我看來，楊老師已將朱熹理學「居敬窮理」的天理運行之道，做了完整的哲學思維詮釋。

為台灣民主自由放言高論

　　思維導引作為，作為決定命運。領導人的思維決定著台灣的命運，也決定著一個世代年輕人的命運。當下的領導人沒有胸襟要當全民總統，注定了是個井底之蛙，以三軍統帥四軍、五軍的政權，井蛙見少識淺，在回聲的加持下，個個不可一世，自然失去反省能力。台灣缺乏范仲淹「憂於未形，恐於未熾」的識見，亂象就在國人眼前一一呈現，一晃20年。而思想禁錮、失去知識基底的人群，也注定走向感官反射式的理盲濫情。

　　台灣的社會發展給了我們因果論的臨場教育，在對

「天反時（選錯人）為災，地反物（不公不義）為妖，民（進黨）反德為亂，亂則（台灣）妖災生」無感的時候，能做「寧鳴而死，不默而生」的一軍，需要有「不怕被出征」的勇氣。展讀本書，楊老師愛這塊土地，護台灣人民，氣政客糟蹋台灣，以及表達「苦難就在離我們不遠的前方」的心情，躍然紙上。

托爾斯泰說：「老天有眼，暫時不語。」就以歷史學家余秋雨在《千年一嘆》所說：「無知或未知不是愚蠢，真正的愚蠢是對無知或未知的否認。」向志良大哥致敬。

1975年，志良大哥、文成與我同時到了密西根大學安娜堡分校，文成在統計系，志良大哥在公共衛生系，我在藥學系。外子洪永泰以政治系背景，在文成的建議下跨系主修統計，終身從事社會科學調查研究。我當了文成結婚時的伴娘，志良大哥是我結婚時的介紹人，一群年輕人在安娜堡分校時，實踐著志良大哥書中所說的「友善家庭」，互相提攜與照應。

這本鉅著讓我好驕傲，因為過了45年，志良大哥仍是那位在密大校園為台灣走向民主自由、生活共好而放言高論，綻放著理想主義風采的知識份子。

（本文作者為前行政院衛生署藥政處處長）

用心、用腦、用愛
寫出的作品

馬以南

　　2021年，新冠病毒（Covid-19）疫情在台北非常猖獗的7月，有天忽然在line的訊息裡，看到楊志良前署長送來他的短篇作品檔案，準備集結成書，要我讀後寫序推薦。我感到非常驚訝，也非常光榮，於是就答應了。給人出書寫序，可是本人「大姑娘上轎，人生頭一遭」。

　　楊前署長擔任衛生署長的時候，我就聽說過他，但是從來沒有接觸。我原在藥廠研發部門工作，藥品登記許可證等歸衛生署藥政處監督管理，不過楊署長接任時，我已經退休了，只知道他為健保制度做了改革，讓這個舉世稱道的健康保險能夠繼續經營。這幾年來，我常在新聞上看到許多他的批評言論，都感到心有戚戚焉。

　　例如他重視預防醫學，稱「台灣只有醫保，沒有健保」。2000年我回到台北定居，享受到健保的福利，當時

就覺得如果健保可以包含「健康促進與預防疾病」這部分，可能節省的費用還比較多。再例如他談到教育與健康的關係，很多民眾之所以缺乏公衛常識與健康觀念，都是因為缺乏教育。

還有他主張「善終」，不要做無效醫療，我也認真做到了。2014年，先夫因自體免疫問題而藥石罔效，最後忍痛移除多項支撐生命的儀器，現在回想起來，當時的決定是對的。

2021年的農曆年初，我碰巧參與了由楊前署長贊助發起的台北市街友熱便當公益活動，在萬華區與中正區親手分送熱便當到街友手裡，這才見到他的盧山真面目。我看過他寫的許多評論，也讀了他的作品，感覺他不只是心直口快的學者，也是對自己的國家、社會與人民非常關心的長者。他常把自己的想法表達出來，並對執政當局提出建議與批評。

為民喉舌，直言無隱

如今拜讀楊前署長的七十多篇文章，涵蓋2008～2021年這13年間的散文與評論，從馬克思主義到兩岸三地的未來；從宗教信仰到對執政當局經濟與社會政策的當

頭棒喝；還有對台灣人口老化與少子化現象的憂心，以及
長照保險、男不婚女不嫁、不生不育等社會現象的解決辦
法；對勞工勞保的關心；對食安問題的建議；指出當前政
府防疫政策的錯誤……引經據典，針砭時事，旁徵博引，
為民請命，深入淺出，下筆有愛。

　　直覺楊前署長就是一個為民喉舌的好公民，嚮往著
「老有所終，壯有所用，幼有所養」的大同世界。而在嚴
肅的題目底下，也不失幽默。他說「奉獻的人，最快樂健
康」，自認是「資源回收」，還幽默說七十而從心所欲不踰
矩是因為「有些事想做也做不來了，所以不會踰矩」！

　　雖然心中明白這些呼籲有如「犬吠火車」，但在今天
的政治環境與社會氛圍中，像楊前署長這樣還願意不斷直
言無隱的人，實在不多。他不是政客，沒有任何政治意
圖；他不是名嘴，沒有收視率的壓力；他只是一個公衛專
家，一個大學教授，一個學者，他真正用心、用腦、用愛
寫出的作品，值得一讀。

　　　　　　　　　　　　　　（本文作者為退休生技人員）

胸懷國事，執著發聲

蘭萱

這是一個國家紛擾撕裂，政治社會去權威、去精英化，鍵盤民主當道、草根言論火光四射的時代。人人可以出聲批評，卻無人能有效監督。

在這種氛圍下，楊志良老師在出版十年內第五本為國燒腦、臧否時政的書之前，曾經猶豫再三，並私下要我老實回答他，出書還有意義嗎？

我知道楊老師的考慮，當前書市如浩瀚大海，多數書籍付梓上架，猶如小石頭丟進海裡，縱使激起短暫漣漪，很快便如涓滴化為無形。

楊老師的直言評論素有大砲之稱，自然不只是小石頭；但政治言論近些年還有分眾化的明顯趨勢，同溫層裡的震耳砲聲，傳到不同立場者耳中，已彷彿遠方部落的稀微鼓聲，有時甚至阻絕在外。更不用說，就算砲彈狠狠擊中施政要害，民進黨政府因為外建「自我感覺良好」金鐘

罩，一如他們過去嘲諷馬英九傲慢以對、充耳不聞，將可能是楊老師最討厭看到的結果。

良心與使命感終究勝利

倘若如此，還要多砍幾棵樹，何苦來哉？倘若如此，徒然引來藏身鍵盤後方1450的下流圍剿，何來執著發聲的理由？我想，這是許多真正胸懷國事、憂戚時政，不僅是想打知名度、騙選票，或是賺主持費、通告費和版稅的人，需要自我說服和心理建設的罣礙所在。

思索至此，我腦中突然跳出陶淵明在魏晉南北朝亂世所寫，東方文人心中最佳理想國的〈桃花源記〉；想起文藝復興時期天文學家哥白尼，明知會觸怒教廷卻依舊堅持追求真相，發表地球非宇宙中心的《天體運行論》；又或者一部我很喜歡的現代小說《莫斯科紳士》，主角羅斯托夫伯爵在沙皇時期因文字被軟禁，雖囚於一方天地，猶堅守知識份子應有的良知自尊，試圖保有不被箝制的心靈與思想自由。

擁有身為知識份子、公衛學者不平則鳴的使命；不寫文章之餘，更多時間協助病友、關懷弱勢、專注政策，像是不曾卸下衛生署長的責任，我對楊老師最終的由衷之言

是：「覺得該做的事就去做。一如一路走來，您只做對得起自己、對得起良心的事！」

2020年夏天，經常採筍東籬下的楊老師，家中筍子盛產。套句老師常說的「吃人一口，還人一斗」，為感謝老師慷慨贈筍，自封老師「最佳筍友」的我，斗膽將老師和我之間的討論對話寫成序。

若你看到這篇序文，就表示在老師的天人交戰中，知識份子的使命感終究勝利。

（本文作者為資深媒體人）

求生存，非革命不可

2012年初，本人出版《台灣大崩壞》一書，以冰冷的數據凸顯台灣不婚、不生、不養、不活（自殺）、年輕人沒有前景等，嚴重的社會解組現象。近十年過去了，前述的現象只有更加嚴重，而沒有任何舒緩的跡象；加上突如其來的疫情，更凸顯今日政府施政的腐敗與無能，讓庶民陷於民不聊生及驚恐之中。

求生存是所有物種的本能，但由於個體不能永生，故均努力延續繼起的生命。台灣社會逆天道而行，是因為邪惡力量當道，少數人錢、權一把抓，以致萬民苦不堪言，故非進行生存革命不可。

分裂及弱化台灣的民粹政府

台灣從威權逐漸走向民主，再倒退到民粹化的敗壞，

是從李登輝主導的修憲開始，造就超越美國的超級總統制。總統大權在握，甚至不必對國會負責。在陳水扁總統任內，朝小野大，尚有若干制約；馬英九總統對總統權力相對自制，常高度回應民眾及媒體的批評。但蔡英文總統則完全顛覆原創黨精英「自由、民主、愛台灣」的基本觀念，對權力為所欲為，將行政、立法、司法、監察一把抓，更不用說考試權，濫用人事到不知廉恥的地步。

更可怕的是行政權與立法權，本應分立而平等，但蔡政府的行政權經常凌駕立法權，綠營立委政黨意識高於國會意識，完全自我馴化而全力配合1450及網軍，針對在野黨及民間針砭時事者，發動「認知作戰」。

新冠疫情更顯出執政黨七分從事政治鬥爭，不及三分從事防疫。他國是獎勵接種，台灣則是處罰「超前接種者」，疫苗分配更造成台南、雙北市長互控「占便宜」；接種順序分九類，造成各階層及世代間大內鬥；BNT疫苗拖延一年餘，最後仍回到原點，由民間公益團體與上海復星醫藥子公司簽約購買。

更可惡者，永齡基金會、台積電、慈濟基金會購買疫苗捐給政府，竟要「感謝蔡總統的恩准」，她忘了這是政府的責任，總統只是公僕而已。呂前副總統直言民進黨執政時死亡那麼多人，「最好相信閻羅王會跟你算帳」。陳

時中這位多次對國會說謊的政務官，公開承認3+11是他的錯，後又改稱3+11不是防疫破口，至今居然好官自我為之，而蔡總統仍然力挺，可見她是敗壞官箴之人。

蔡英文說話毫無誠信又無恥，政策髮夾彎、雙標、今日之我否定昨日之我的事證多不勝數，例如參加WHA是放棄主權、萊劑是傷害人民健康、核四一定要完成、兩岸一定要統一、藻礁永存、謙卑謙卑再謙卑、最會溝通的政府等。

蔡英文不是失智，也不是她的小編忘了前言需對後語，顯然是故意的。以民脂民膏、龐大公帑建立網軍與側翼，以權、錢控制綠委及媒體（例如關中天、鉅款補助三立），分裂及弱化台灣，讓台灣社會在意識型態、貧富、區域、世代間不斷分裂，好消滅中華民國，摧毀台灣，與習近平相互唱和。

面對蔡政府如此倒行逆施，全民該如何奮起，其實早有答案。

感謝與感嘆

這本書的出版，必然要感謝三位推薦人，讓本書增色不少。

王惠珀教授是四十多年前留美的老友，也是我「政治認知」的前輩；她在綠營為官時，就發現民進黨的腐敗及貪婪；我可比她幸福多了，在政府任職時，雖與馬總統、吳院長毫無淵源，卻受到相當程度的尊重。

　　謙卑至極、自稱「螞蟻」的馬以南女士，我倆神交已久，卻從未謀面，近年則有緣二次追隨從事善舉，這位令人感佩的大姊，毫不猶豫提筆推薦拙作。

　　資深媒體人蘭萱小姐，響應「吃人一口，至少還人半口」，雖明知此書如狗吠火車，也只得推薦一番。

　　三十多年的老友江東亮教授，是前台大公衛學院院長，曾經一起調查、規劃澳底保健站，發現地方可以建立自給自足的醫療保健單位。當年剛回國的許子秋署長認為這是個好的制度，因此辦理了群體醫療計畫，就在一、兩年內解決了台灣半數鄉鎮無醫師的困境，成為全民健保基層醫療的基礎，之後又一起規劃全民健保。

　　江教授對於健康的不平等有很深入的探討，他雖尊我為師，但經常直言不諱，給我很多的指教。今年台大公衛系編撰50週年的紀念專書，由他主持，特別寫了楊志良的小傳，對我有很深的刻劃，特此感謝並收為本書的附錄。

　　除感謝編輯陳子揚先生的辛勞外，要特別感謝丁希如博士，她是本人在天下文化出版二本雜書的主編，本書每

篇文章均曾由她斧正，對此書貢獻最大。

　　亞洲大學指定秘書室王孝慈小姐，認真熱忱，多年來給予多方協助，包括行政、打字及整理文件等，至為感謝。

　　最後，蔡英文及「綠營」已近乎完成毀滅中華民國及摧毀台灣的「大業」，他們或可舒一口氣了。此書之後，本人再也不出版批蔡的「雜書」了。

　　　　　　　　　　　　　　　　　　　　生存革命

第 **1** 部

生存，充滿了危機

生存革命

一、
國家分崩離析

1

世界危矣！台灣危矣！

> 人類至今一直尋求可長可久、
> 造福人民的制度，結果不但不能如願，
> 反而由於科技發達，更能操弄及荼毒人民。

1990年柏林圍牆倒塌，著名政治學者法蘭西斯‧福山（Francis Fukuyama）因此認為，資本主義下的民主制度是人類政治制度的終章。可惜的是，他很快就發現這想法大錯特錯。

諾貝爾經濟學獎得主史迪格里茲（Joseph E. Stiglitz），在他的著作《不公平的代價》（*The Price of Inequality*）中破解階級對立的金權結構，明白指出美國是1%人所有、1%人所治、1%人所享，華爾街1%對99%的抗爭，是市場力量導致分配不均而必須付出的重大代價，民主制度已然岌

岌可危。

至於法國學者托瑪‧皮凱提（Thomas Piketty）的《二十一世紀資本論》（*Le Capital au XXIe siècle*），更用歷史資料證明，民主資本主義將導致財富集中，以及經濟與社會的不穩定，導致人類大災難。

民主自由的假象

美國目前是世界第一強國，GDP排名第一，自稱是民主國家，但在幾十年內，必定將如20世紀初日不落的大英帝國一樣，走向敗亡，而且更為悽慘。

清楚呈現在世人眼前的是，所謂「民主」、「自由」在美國已是假象。如今美國幾乎由軍工產業及華爾街財團控制，軍費全球第一，除了一戰、二戰是被動參戰外，自二戰之後不斷發動戰爭（韓戰、越戰、阿富汗、伊拉克），耗用大量資源及犧牲人命。

但另一方面，美國至今沒有全民健保、社會福利貧乏、窮人上不起大學、基礎建設落後、貧富差距不斷擴大。雖是醫療科技第一大國，有全球最傑出的疾病管理署，但遇到新冠病毒，卻是確診及死亡最多的國家。

在2020年總統選舉中，川普訴諸民粹，將「美國第一」做為口號，並以中國搶走工作、用病毒毒害美國人為由，不譴責極右種族主義白人團體，認為可以抑制因「黑人的命也是命」（BLM）運動引起的暴動，強調法律及秩

序，以感性帶動中低階層的白人。但若沒有公平與正義，法律及秩序就只是掌權者對弱勢人民的霸凌。

至於川普的對手拜登也是醜聞纏身，非裔人士大舉組成民兵組織，雙方都認為自己一定當選，否則就是對方作弊。內戰烏雲籠罩，這就是世界第一的「民主國家」。美國或許某天在政治上能「自我治癒」，但權錢結合階級種族對立無比牢固，恐已無力回天。

軍工產業及財團沆瀣一氣，控制了媒體及參、眾議員，而總統就是他們的代言人（水幫魚、魚幫水），進口大批黑奴發展經濟，再造成種族衝突，加以貧富差距加大，不待中國崛起，美國終將敗亡。

歷史證明，國家衰亡的主因常不是外患，而是內亂。

民粹主義愈演愈烈

有趣的是，美國是在二戰後「大政府」時代，由民主黨詹森總統提出「大社會計畫」，啟動針對教育、醫療、城市建設、農業發展等興革，促進經濟繁榮及消除不平等，才造就美國最繁榮、年輕人最能享受「成家立業」的幸福年代。

但因越戰後繼無力，雷根總統與英國首相柴契爾夫人隔海倡議保守主義，大幅刪減公共支出，認為健康、教育、住房、養老等，主要是個人責任。其後雖然民主、共和兩黨輪流執政，自由與保守、大政府與小政府，輪為施

政主軸，但美國仍越發走向小政府、少福利的資本主義路線。資本主義下的民主制度，逐漸成為貪婪、短視及民粹的社會。

另一方面，獨裁統治的國家，例如蘇俄、北韓，特別是中國，利用現代科技、網路追蹤、人臉辨識等，剝奪個人思想與言論的自由，異議者被消音、刪文，甚至整個人「被消失」。

國際大環境如此，那麼台灣內部呢？蔡英文只用一句「時空改變」，就以行政命令開放瘦肉精美豬。此種今日之我否定昨日之我的事例，蔡總統至少有20件以上。2009年八八水災，劉兆玄院長理髮、薛香川祕書長與丈人父親節共餐，就必須下台；今日台上官員不論蔡英文、賴清德、陳菊，還是當年強烈反瘦肉精美豬、美牛的一票綠委，抑或是公開表示要賭上烏紗帽阻美豬入台，今日卻倡言美豬好棒棒的陳時中部長，都是沒有人格的無恥之徒。

台灣執政當局一再自稱是民主國家，選舉雖也正常舉行，卻怪事連連。例如NCC、中選會、促轉會、黨產會、監察院的中立性，不是飽受懷疑有違憲之虞，就是破綻百出。還有，民主國家媒體應該以監督執政者為職責，台灣卻是以修理在野黨為主。執政者花人民納稅錢收買媒體，促轉會的東廠事件、農委會花1450萬招募網軍、776萬紓困基金只辦了一場炒飯大賽，衛福部52億防疫經費成了政院小金庫，以及以行政命令讓美豬來台……種種重大違失，綠媒一概不談，只會吹捧、硬拗，嚴重不公，沒拿髒

錢才怪。

　　人類至今一直尋求可長可久、造福人民的制度，結果不但不能如願，反而由於科技發達，更能操弄及荼毒人民，世界危矣！台灣內外每況愈下，國家危矣！

2

二十年目睹之怪現狀

> 老共致力於分化台灣，
> 但比起台灣政客及媒體對內部的自我分化，
> 可說是小巫見大巫。

　　晚清時期國政敗壞、貪腐盛行、民不聊生，洪秀全農民起義，幾乎亡了清朝；隨後鴉片戰爭、八國聯軍，中國淪為西方列強及日本的次殖民地。政治敗壞腐化，必然影響社會的氛圍，民國初年，魯迅將劉鶚的《老殘遊記》、曾樸的《孽海花》、李寶嘉的《官場現形記》、吳沃堯的《二十年目睹之怪現狀》，評為晚清四大譴責小說。沒想到，書中情景居然在今日台灣繼續上演，且精采之處有過之而無不及。

監督在野黨的民主國家

台灣解嚴以後，自認已成為民主國家，今日當權者每每以維護民主及主權自詡，並且認為成效卓著而洋洋自得。然而，本人多次為文、著書，多方證明台灣只有民粹，沒有民主。以下試舉幾個「怪現狀」證明。

首先，談到民主國家，必然是在野黨監督執政黨。但有趣的是，台灣卻是執政黨強力「監督」在野黨，強力通過針對性而非通用的「不當黨產條例」，所以此條例顯然不適用於陳水扁的「黨庫」。

其次是恢復明朝體制，設立了「東廠」。在韓國瑜尚未宣布選總統時，堂堂敗將且違反神前誓言的行政院長，專門在行政院會「監督」各勝選在野黨縣市長，是否「認真」開會，闔眼者必錄影存證，公諸於世。

習近平以滅台為職志，何人不知不曉？中國大陸發動網軍、媒體戰，當屬必然；但小英政府不斷暗示某些報紙、電視、電台，接受中共國台辦的指示，至今卻沒有任何具體證據及案例，顯然若不是給人戴紅帽子，就是國安單位與調查局一無是處，無法保衛台灣，全該廢了。

更怪的是，民主國家的媒體都在監督執政者，而台灣除了少數媒體外，都在黑在野黨。當然，媒體對任何政治主張都可評論，但重點應在針砭時政，不過各家電視台、名嘴，卻以批判在野黨及在野黨人士為主。在總統大選期間，相互丟泥巴勢不可免，但多數媒體明顯對在野黨候選

人極盡抹黑，最大的本事就是將某發言或聲明去頭截尾，而不放全文，新聞報導成了「小編報導」。

因此，台灣民眾不但對政治人物完全沒有信心，對媒體亦是如此。

新黨國體制成形

老共致力於分化台灣，但比起台灣政客及媒體對內部的自我分化，可說是小巫見大巫。從各種民調可以顯見，小英說要大家團結根本是屁話。紅色中國花大錢影響台媒，而綠營顯然大舉購買台媒，真是紅、綠一家親。

在「官場現形記」上更是精采，各公營事業或以公股為主的產業，包括各子公司的肥缺，已由綠營占滿；政府的事務官被大幅改為政務官，不只要顏色對，更要派系對，如此就可以占滿、做滿，可列出來的名單族繁不及備載，其中屬於專業人士或技術官者寥寥可數，其黨國體制遠勝過兩蔣時期（當年或有某些時空背景的必然性）。

真是太有趣了，國民黨來台時，沒收日人侵占的台灣人財產，並以國庫通黨庫，用黨產統治台灣數十年；今日民進黨則以全部國產為黨產，不僅行政、司法、監察、立法一把抓，更有監察委員公然宣稱「辦藍不辦綠」。

國事如麻，總統、行政院長、各部長在照三餐監督、抹黑在野黨時，別忘記每年有萬名受虐兒、兩萬多名廢墟少年，拜託請好好幹正事去吧！

3

台灣大崩壞「進行中」

台灣的社會支持體系幾乎崩潰，
但1450及小編的內宣經費達到最高，
因此政府的支持度與滿意度，
都是國人血汗稅金所堆砌。

經濟成長人民無感

2012年，本人離開衛生署長職位一年餘，出版了《台灣大崩壞》一書，以冷冰冰的統計數字及令人悲痛的實例，揭露台灣的新「四不一沒有」實況：不婚、不育、不養、不活，年輕人沒有前景。八、九年過去了，如今呢？台灣更加崩壞，年輕人更加沒有前景。

中華公共事務管理學會特聘研究員曹耀鈞，2020年12月30日在「官媒」《自由時報》的投書〈貧富差距，令

人憂心〉說：「對照行政院主計總處近日公布的去年薪水統計，平均年薪為64.4萬元，年薪中位數為49.8萬，兩者相差14.6萬元；而2009年年薪平均43.8萬，中位數為38.4萬，兩者才相差5.4萬元。」「近十年，薪資中位數與平均數相差愈來愈大，多數貧民與少數大富兩族群的薪資平均，形成整體薪資連年富裕的假象。」「10個人當中，有將近7人的薪水低於所謂的平均薪資。」蔡政府大內宣經濟成長好棒棒，民眾不但無感，日子反而更加難過。

這就是為什麼本人一再為文，呼籲蔡政府不要再吹噓經濟成長多麼亮麗，特別是在新冠疫情下，多數國家負成長，而台灣卻因撿到槍，例如中美經濟惡鬥轉單台灣，以及遠距辦公或教學，使得資訊及網路產品大賣。

財富邊際效用遞減，這是大一的經濟學入門，整體財富增加，但貧富差距加大，整體財富帶給全民的福祉反而下降。蔡總統老是以經濟成長率自傲，這卻也是不少人懷疑她博士學位真假的原因。

「四不一沒有」的社會困境

由於缺乏社會支持，不婚、不育、不養、不活，近幾年來達到新高。

2020年1～8月結婚對數77,252對，較2019年少了近7,000對，降低8.43%，這將使2021年少子化更為嚴重。在生育方面，2020年新生兒僅165,249人，為台灣過去二、

三十年以來最低，而死亡人數高達173,156人，台灣人口首度出現「生不如死」的負成長。郭台銘曾經在報上強調，台灣不能只有台積電等兩、三家護國神山，需要多幾家，因此需要提高生育率，增加年輕人，他恐怕要大失所望了。

在「不養」方面，近年雖然持續少子化，但虐兒數反而不斷升高，2020年破紀錄以萬計，媒體上經常有令人落淚的虐兒悲慘情節。「不活」更令人怵目驚心，2020年全民自殺死亡人數超過4,000人；2019年15～19歲青少年，每10萬人口便有6.2人自殺，2020年截至11月底，自殺死亡青少年為史上最高的78人，2020年11月短短五天內，就有3名台大「學霸」自殺身亡。而近年全球平均自殺死亡率皆下降，台灣反而年增3%，如何能不讓人憂心？

2017年《今週刊》以〈搶救廢墟裡的少年〉為封面故事，報導台灣至少有2萬個高風險家庭的小孩，長年處於貧窮、家庭失能的環境，有如生活在廢墟之中。三年過去，從如今社會的氛圍可以合理推斷，廢墟少年只會有增無減；少子化已如此嚴重，廢墟少年對國家經濟發展必定有重大的傷害。本人曾受邀擔任國民教育署的委員，訪視國中小若干貧困社區的小孩，居然有人與父母一星期互動不到一小時：早上起來父母尚在睡覺，晚上放學父母在夜市打拚，親子互動令人唏噓。

至於棄老、虐老、殺老，2010年一位王老先生不忍老伴長期受病痛折磨，因此痛下殺手，在法庭上直言「國

家害我殺人」、「如果有安樂死，何必親手……」自此之後，照顧者殺害被照顧親人的案例層出不窮，而原規劃的長照保險，因實施後雇主需負擔大半，蔡總統為討好資本家，一手推翻，改由有限的遺贈稅及菸捐支應。至於年輕人低薪買不起房子，各界多有論述，在此略過不提。

總而言之，台灣的社會支持體系在「四不一沒有」下幾乎崩潰；另一方面，1450及小編的內宣經費達到最高，因此政府的支持度與滿意度，都是國人血汗稅金所堆砌。此外，又一再以有限的稅收建蚊子館，貪汙腐化並以之到處收買「人心」。簡單的說，現今政府就是刮你的錢，買你的票，做我的官，然後一再循環。

國家未來怎麼辦？

台灣不斷沉淪，是否有解方？答案是當然有，但一定做不到。一是「政府廉能」，但在目前這是與虎謀皮，因為整個政府控制在政客與財團手中；另一個方法就是合理加稅，用以支持社會安全制度。

政府足夠廉能，才能讓民眾情願交稅，所以稅收比率可代表民主國家國民信任政府的程度，也就是國人願意將錢交由政府統籌處理，以相互幫助的程度。

台灣稅收占GDP比率是先進國家中最低，只有13%，遠低於美、日等資本主義國家，更不能與西歐或北歐動輒30%起跳，甚至高達50%相比。因此台灣是最爛、不受國

民信任的國家之一。

　　沈富雄大老曾在電視上公開宣稱，他在台北的房子，若以資本主義的美國，房屋加地價稅（資產稅）的稅率來算，最少要交50萬元，但在台灣實際只交2萬元，養房比養車還便宜，也難怪富人都在炒房，持有2～4房者計257萬戶，占比24.3%，10房以上者有5,305人。房子在西歐及北歐是給人住的，幾乎沒有人炒房，但台灣在財團政客掌握下，要調高資產稅，實現孫中山先生的漲價歸公理念，根本行不通。

　　再如台灣工業區閒置土地，被用來炒地皮者不知凡幾，需土地建廠者違規使用農地，汙染及排放毒水，2018年有13.5萬家，占地1.4萬公頃，政府取締效果幾近為零，甚至還就地合法化。識者多有建議，若工業區土地三年未建工廠使用，可由政府以原價收回，讓炒工業區土地者損失利息，但是政府哪敢得罪緊密勾結的政商呢？保證行不通。

　　那麼，台灣怎麼辦？以選票換掉無良的政府？但怎能抵擋政府的大內宣？或者發起革命，重新打造國家？但全民能承擔血流成河的代價嗎？而且誰能保證新政權一定比舊的優良？歷史證明新政權大多更加腐敗，民眾更加痛苦，突尼西亞茉莉花革命的結果就是如此；利比亞在美國支持下幹掉格達費，但該國人民有比在格達費暴政下更幸福嗎？

　　美國早就被軍工產業及華爾街的財團所控制，將近

250年的民主憲政，因為貧富差距擴大，加上種族衝突，民粹興起，一個川普就將體制打垮，富強安樂的美國再也回不去了。至於人民何時能覺醒，只有問蒼天了。

4

「這個國家」的「這個總統」

我國最大的問題，
就在於國、民兩黨私心自用，
修憲時修成「超級總統制」。

國家最大的危機

宣誓就任「中華民國總統」的這個總統，曾經多次在公開場合稱中華民國為「這個國家」，或是在國外自稱「台灣」，等到大選期間，又變得「中華民國」不離口了，可見這個總統口中的國名，可以依照對象的立場而「彈性調整」。

可笑的是，這個總統自稱政績卓著，但近年來，我國已成為全球有偶率及生育率最低的國家，2019年自然增加

率僅0.06％，2020年則出現死亡交叉，長此以往人口逐年減少，國家也慢慢走向敗亡。

等到快要選舉了，這個總統才不斷放出利多，鼓勵生育。然而，就算今天生育率真的馬上提高了，也要20年後才有可用的人才。如今人口結構呈現倒三角形，健保、勞保逐漸變成使用、領取的人多，負擔保費的人少，幾乎不可永續，這個總統有在面對嗎？

這個總統的第一個任期，虐兒事件每年數萬件，每週有2.4個嬰幼兒被虐死；青少年死因第二位是自殺；照顧者撐不下去，殺害自己照顧的親人，不減反增；不就學、不就業、圍事、吸毒、打架的「廢墟少年」至少有2萬名。這些都與經濟不佳、貧富差距擴大、父母生活艱難有關，這個總統竟還可以厚著臉皮讀稿唸數據，說嘴自己政績卓著！

在這個總統的「指使」下，獨立機關完全失去獨立公正性，促轉會已經成為笑話，無聲無息；NCC開罰中天20萬元，被法院打臉判定免罰；中選會在三組候選人抽籤時，對不同陣營有不同嘴臉，對其中一組嚴詞斥責，拒絕握手，對另一組則滿臉堆笑，主動伸手，真是噁心至極。民眾不信任獨立機關，是國家最大的危機。

有權無責的超級總統

更可笑的是，韓國瑜在總統候選人政見辯論上，問責

阿扁是保外就醫的貪汙犯（受國際及美國認證），卻能到處趴趴走，替人競選，甚至差點納入一邊一國行動黨的不分區立委名單。這個總統回應說那是法務部的事，但法務部長不就是這個總統任命的嗎？

還有，陳師孟擬約談馬英九洩密案的歷審法官，挑戰法官的自由心證權，全國2/3法官聯名抗議，司法院長許宗力也表達捍衛獨立審判的立場。但在辯論會上，這個總統卻一推三二五，陳師孟難道不是她提名的嗎？

當初，陳師孟在立法院同意前就公開表示，將來擔任監委將「辦藍不辦綠」。這樣無恥至極的監委，綠委卻全票通過。如此看來，綠委不是被這個總統分配到利益或威脅，就是良心被狗吃了。猶記得陳幸妤說陳菊、謝長廷、蘇貞昌選舉時，都拿了她老爸的錢（貪汙來的錢），這三人至今從未否認，這些又與民國初年曹錕買票當總統有何不同？

上述種種都顯現我國最大的問題，就在於國、民兩黨私心自用，修憲時修成「超級總統制」：總統有權無責，行政院長有責無權，只是總統的行政助理而已。解嚴以來，幾乎每任總統平均一年多就換一個行政院長，因此滿街的前某某部長也就不足為奇了。

阿扁朝小野大，加上紅衫軍運動，總算有些制衡；馬英九對權力運用大致能夠自我節制，沒成為超級總統；而這個總統將國營及官股企業全用酬庸任命，收買綠委，任內監委、考試委員及大法官，均由她任命，要立什麼法、

憲法如何解釋，都是她說了算。

「這個國家」選出了「這個總統」，實在是台灣人民之大不幸。

5

蔡政府的滅國大計

習近平不斷對蔡英文送槍，
讓她能打著反中大旗，不斷分裂弱化台灣，
讓中共能早日統一台灣。

「滅國」是滅哪一國？當然是中華民國，以遂習近平統一台灣的大願。真正的邪惡之人，就是做賊喊抓賊，殺人喊救命，給對方戴紅帽，「打著紅旗反紅旗」。

蔡英文跟一群滅國追隨者，口中高喊民進黨的基本價值——民主、自由、愛台灣，實際卻是拿民進黨招牌，全力消滅民進黨、消滅台灣。歷任黨主席、卸任的總統、副總統、創黨精英，如沈富雄、陳文茜、吳子嘉、游盈隆、鄭麗文、郭正亮，哪一位不是嚴批今日的「蔡主席」篡黨、濫權、分贓、腐敗，對權與錢貪得無厭？

蔡政府的毀台大計，可整理為六項。

一、全面摧毀行政體系

　　凡是為選民唾棄者、對神明說謊者、行政敗壞被轟下台者，不日即可回鍋擔任中央高官，毫無廉恥之心。

　　這導致今日公務員投機者抱綠大腿，為非作歹；若不幸被歸於藍營，升遷無望，遇事能拖就拖，有機會扯一下後腿，有良知者則「等因奉此」等退休，你們綠蛆奈我何？文官體系完全崩解，國家怎能不亡？

二、整日「監督在野」

　　立委本應監督政府，綠委卻只會喊吾皇萬歲，反倒對在野提案要求公開疫苗採購、檢討國產疫苗價格、公開3+11會議紀錄、國產疫苗臨床三期再施打等八案，全數投下反對票。這如同民國初年的豬仔議員，全然放棄最起碼監督政府的職權，實在豬狗不如。

　　他們認為反正選民記憶有限，只要選舉時高舉反中大旗，選票自然就來。難怪呂前副總統說：「黨國威權已復辟，連立法院都聽蔡英文的命令。」立法院只是「行政院立法局」、蔡皇的隨扈而已。

三、綠媒網軍國庫通黨庫

　　各部會及公營事業編列預算做內外宣、打擊異己及公民監督，不知是1450的千百倍。拿到錢的綠媒、卡神、網軍、名嘴，在中央廚房一聲令下，同一時間府院黨一同行動，非打到異見者及監督者體無完膚、跪地求饒不可。前有大咖賴清德，現有民選第一大都的侯友宜，公開懇求蔡英文：「約束一下綠營，別攻擊我。」

　　蔡英文徹底分裂台灣社會，從國人普遍反對中共政權，甩成嫌惡「中國人」，導致兩岸華人網軍相互對罵，中國大陸年輕人強烈支持武統台灣，以利蔡英文達成滅國願望。

四、防疫效法草船借箭，以時中為箭靶

　　台灣醫療科技水準世界第三、亞洲第一，全民健保數一數二，但新冠肺炎確診死亡率在2021年7月3日突破5％，是全球各國的兩倍以上。或因黑數太多，被蓋牌無數，不論何者，都成為全球（甚至北韓）嘲笑的對象。

　　這是因為陳時中一意孤行，外行領導內行，對各國經驗（如普篩、快篩、類方艙醫院等）一律嗤之以鼻，導致輕症在自家養病，結果快樂缺氧致死者不知凡幾。編列巨額防疫經費，經過一年半準備，結果卻是樣樣缺，讓醫護人員搏命救援。

購買疫苗及施打分配更是失誤連連，讓全民深陷於恐慌與痛苦之中。他國獎勵施打，我國處罰偷打，藍綠互批對方政治人物偷打，為了殘劑亂成一團，進一步分裂社會。各界紛紛要求撤換陳時中，連呂前副總統也多次向蔡英文建議，甚至說出威權抗疫，「最好相信閻羅王會跟你算帳」的重話。

五、憲政敗壞

前次修憲，台灣總統成為權力無限的總統，馬前總統尚知自制，蔡英文則除行政外，立法、司法、監察、考試也一把抓，民眾對司法、監察、NCC、促轉會、中選會等機關高度不信任。

政府無能，且故意不購買ＷＨＯ認可的疫苗，偏袒高端，郭台銘、佛光山、慈濟想出錢購買國際認可之疫苗捐贈國家，卻一再受阻，竟然需要「懇求總統放行」，簡直皇權再現，蔡英文根本把自己當皇帝而非公僕。

六、不知廉恥，說謊成性

當年諸多作為如批評萊牛萊豬、核四一定要停建、藻礁永存、參加WHA是主權淪喪等，結果今日之我否定昨日之我，不下20件。在她領導下，台灣成為騙子王國，世界第一。然而因有網軍、綠蛆委、無恥綠媒名嘴吹捧，民

調竟然居高不下，這與當年希特勒、墨索里尼，甚至史達林、毛澤東的萬民擁戴有何不同？

魔鬼的對立者不一定是天使，有時是撒旦。習近平上台後野心勃勃，肯定文革、推崇毛澤東、廢集體領導、消滅異己、打壓香港民主、迫害疆民、擴充武力、威嚇台灣，持續對蔡英文送槍，讓她能打著反中大旗，不斷分裂弱化台灣，特別在新冠疫情肆虐下配合習近平，讓中共能早日統一台灣。

台灣目前民不聊生，求生存是物種的本能，何況是人類？歷史上對待暴政應當如何，眾人何能不知！

6

台灣徹底崩壞——1450萬碎

> 蔡英文今日承諾的都是屁話，
> 因為明日之我必然否定今日之我。
> 但只要有1450網軍，仍然無往不利。

　　2012年，本人出版了《台灣大崩壞——挑戰沒有希望的未來》，書中詳述台灣的「四不一沒有」：不婚、不育、不養、不活，年輕人沒有前景。在現代人少閱讀，更不買書的氛圍下，居然賣了10刷。如今九年過去了，台灣只有更加崩壞。

　　就連商業性雜誌也不斷在討論「四不一沒有」，甚至以此為封面專題。〈誰讓他們來不及長大？〉討論虐兒及殺兒。根據衛福部統計，2019年虐兒通報案件超過7.3萬件。我在《台灣大崩壞》中列舉多個虐老、棄老，以及因

缺乏社會資源支持，照顧者只得殺害被照顧親人的案例，令人鼻酸。至於全國老人受虐通報案，從 2008 年的 2,271 人，飆升到 2018 年的 7,745 人，增加近 3.5 倍。根據 WHO 的研究，老人虐待盛行率是 15.7%，所以粗估台灣受虐老人有 50 萬以上，且因老人多半礙於情面，通報率僅為虐兒通報的 1/10，這是何等冷漠的社會。

這些都只是冰冷的數據，需要進一步探討婚育世代內心的意向。

民進黨執政下的少子化危機

2021 年 3 月底，台灣社會調查資訊公司針對 20 ～ 39 歲主要育齡人口，從事婚育意向調查。調查結果顯示，多數未婚者仍期待婚姻：男 71.3%、女 69.3%，兩者相差不大；而近 1/3 則無結婚意願。

至於日後結婚，婚後不欲生育的比例：男 34.9%、女 40.5%，女性傾向不生者較多，乃因需承擔較重的照顧子女責任；而願意生育者，絕大多數只願生一胎。在可複選的情況下，不欲生育的主要原因為：「沒房屋」（男 60%、女 28.7%）、「無法負擔」（男 60.5%、女 53.2%）、「乏人照顧」（男 33.7%、女 31.9%）、「追求生活自在」（男 29.5%、女 36.2%）。調查清楚顯示了育齡人口認為「有房」而非租房，是生育第一要件，而且有房及負擔家計主要是男性責任，合乎華人傳統。女性則強調生活自在，這是受近代女

性尋求自我意識興起的影響。

　　加上新冠疫情的影響，婚育人數更是直直落。2020年有121,702對結婚，比2019年少了12,822對。台灣已被《世界人口綜述》（*World Population Review*）及美國CIA全球資訊網列為全球生育率最低的國家，總生育率僅1.07（平均每名婦女一生育兒數），亦即每一代人口將減少一半以上。隨著結婚率一再下降，展望未來，生育率恐怕不及1。

　　台灣死多於生，已在2020年發生，未來必定每況愈下。有人認為高度發展國家必定會面臨少子化危機，實則不盡然，瑞典、丹麥、美國、法國等先進國家，總生育率多在1.73～1.88之間，社會老化速度緩慢，有很長的時間可以調適；即使是嚴重少子化與高齡化的日本，總生育率也有1.43；就連中國大陸開始憂慮少子化，也仍高於1.7。更重要的是，這些國家多半沒有嚴重虐兒、虐老，青少年不活的現象。

　　先進國家能避免如台灣社會嚴重崩壞的現象，主要是由於政府廉能，所以民眾願交重稅（占GDP的30～50%）；國家對家庭友善，父母照顧子女至成年，只需要可支配所得的3～20%。而台灣因為政府貪腐、浪費、不公，民眾不願多交稅，稅收占GDP比率從1993年17.8%，降到2020年12.2%，為發達民主國家中最低，無能力支持家庭；父母想照顧子女至成年，需花費可支配所得的66.8%（2011年資料），近年來更為惡化，年輕人大多不考慮婚育，棄老成了家庭選項。

民主國家稅收占GDP比率，可為國家良莠的最佳指標，代表政府廉能及人民互相幫助的程度。台灣稅收占GDP比率連日、韓、美的一半都不到，若以此為政府施政良善與否的指標，那麼台灣可說是施政最差的國家，浪費、貪腐、建蚊子館，罄竹難書。台灣敗壞至此，但小英政府的滿意度，竟靠著預算無上限的1450而居高不下，不禁令人高呼「1450萬碎」。

持續進化的抹黑步數

何謂1450萬碎？即是凡阻擋1450者，除非神功護體，否則就算沒有粉身碎骨，也至少灰頭土臉。

最早是在1998年，吳敦義競選高雄市長期間曾傳出「誹聞錄音帶事件」，結果因而落選，謝長廷當選。該錄音帶後來送美國鑑定，確定是剪接變造，吳敦義控告提供錄音帶的陳春生，但無法證明是謝的授意。

再來是2006年，陳菊對決黃俊英的高雄市長選戰。選前一夜，數名不敢以真面目見人的黑衣人，指控曾是陳菊老師的黃俊英發「走路工」。後經司法證明黃沒有賄選，但黑衣人是誰無從查考，更無法證明是陳菊指使的「栽贓奧步」。

時至今日，1450不斷進化，2019年民進黨總統候選人之爭，原本支持度遙遙領先的賴清德，在一夜之間被小英的網軍打趴，甚至公開求饒。近年來大內宣及大外宣何只

花費數十億，更有預算無上限的1450，還不論八年8,800億的前瞻計畫，也難怪小英政府的民調支持度可以維持不墜。

2021年4月發生太魯閣號事件，原本只需花2～3億完成台鐵軌道異物警示系統，就能避免此一憾事，前行政院長張善政（任期只有四個月，但在台南大地震時全力協助綠營市長賴清德救災而獲好評），有感於太魯閣號事件平白損失49條生命、249人受傷，加上缺水，慨嘆天災人禍不斷、風不調、雨不順、國不泰、民不安，立即引來包括《自由時報》、三立電視台等媒體，以及如洪水般的網軍猛攻。

請問，善政之言，何錯之有？難道過去一年無災無難、國泰民安？明明是對政府普悠瑪號、太魯閣號事件以來毫無作為的憤怒，卻在1450猛攻之下，被扭曲為唱衰台灣，類似的例子不知凡幾。

只想維護政權，終將失去國家

台灣早已沒有民進黨，那是二、三十年前的事，該黨的創黨精英，不論張俊宏、施明德、許信良、沈富雄、呂秀蓮、陳文茜，甚至陳水扁，哪位不嚴批今日蔡英文這批人毀黨、篡黨？現在只有以民脂民膏誤國害民的1450黨。凡是被1450出征者，應自我榮耀，因為這表示你是個人物，否則網路批英皇、綠蛆者成千上萬、不知凡幾，網軍

根本來不及批鬥。被網軍圍剿者（包括本人在內）只要沒有犯罪、心中坦蕩，日日吃好、睡好，又何必理那些躲在鍵盤後面，拿汙錢辦事的垃圾蟑螂或下三濫綠媒的閒言閒語呢？

蔡英文利用民脂民膏建立網軍，以此維護選票及民調無往不利。希特勒手下大將戈培爾（Joseph Goebbels）有句名言：「謊言重複一千遍而又不許別人戳穿，許多人就會把它當成真理。」與蔡政府的做法有異曲同工之妙。

蔡英文毫無誠信可言，不論是萊豬、核四、藻礁、公投綁大選、謙卑再謙卑、最會溝通的政府、可以對她大聲說話拍桌子、髮夾彎、雙標，今日之我否定昨日之我的事例，至少可以列出二十多項，所以今日承諾的都是屁話，因為明日之我必然否定今日之我。雖然完全沒誠信及人格，但只要有1450網軍，仍然無往不利。

魔鬼的對立者不一定是天使，可能是撒旦。史達林是殺人魔，其對立者是滅族的希特勒；同理，集權統治的習近平，其對立者蔡英文不一定是民主自由。小英總統執政五年多，行政（包括國營事業及水利會等民間機構）、立法、司法、媒體一把抓，將台灣帶入絕對的獨裁（希特勒、墨索里尼也曾經高票當選）。

就如馮客（Frank Dikotter）在《獨裁者養成之路》（*How to Be a Dictator*）書中所說，初始時因為事不關己，一再容忍獨裁者傷害個人民主自由，等輪到自己才知為時已晚。今日的台灣大眾、媒體人、學者專家，不是被收買，

就是在恐嚇下噤聲，長期終將導致國家敗亡，或是此執政者被民眾唾棄、驅逐，幾無例外。

　　老共軍機繞台，對台文攻武嚇，只是加深台灣人民仇中氣氛。習近平是知台派，哪會不知這是蓄意強化台獨意識。為何如此？因為台灣已經大崩壞，如老共前副總理吳儀對台灣加入WHO一事的發言「誰理你們」，已將台灣視為囊中之物。小英為維護政權，只得緊抱老美大腿，而在野黨氣若游絲，國民黨及中華民國將如同希特勒、墨索里尼統治下的在野政黨及國家，生存危在旦夕。

7

橫遭暴政，人民當如何？

蔡政府強化兩岸人民的對立，
同時分化台灣內部，
反而有利於老共犯台及統一台灣。

　　2021年5月中旬，台灣新冠疫情大爆發，凸顯了蔡政府屬行暴政。在疫情升溫之前，除非有出國等活動需要，否則連自費篩檢都在禁止之列，費用更高達5,000～7,000元，是世界第一貴。相較之下，歐美國家檢驗不但免費，而且隨到隨檢。蔡政府以防疫做為大內外宣的籌碼，反中優先，以穩住民調及政權。

自大、無知又無能的防疫

　　好球才打了上半場，竟就按捺不住要慶功。先是綠媒三立電視台大拍馬屁，和Discovery聯手拍攝《台灣戰疫全紀錄》，宣稱要全球播送；2020年12月30日防疫週年，衛福部疾管署召開記者會，也釋出防疫紀錄片《我們》，稱台灣防疫如何如何成功，進行大外宣。陳時中無恥至極，在疫情爆發前夕的2021年5月13日還投書英國媒體，說要幫全世界建立醫療體系。疫情大爆發後，還有1450及綠蛆們向全世界宣稱，台灣將在兩週內回歸二級警戒。結果是從《紐約時報》、BBC、CNN、《時代》雜誌、德國之聲、《亞洲週刊》，甚至北韓電視台，都在報導台灣防疫自大、無知又無能，成為全世界的大笑話。

　　5月14日，疫情趨向嚴重，柯文哲、侯友宜兩位市長逆時中，多設篩檢站，開始大量篩檢，立即篩出許多感染者。試想，若此二都為綠營執政，都順時中延後兩週篩檢，使得染疫者全台趴趴走，台灣今日疫情蔓延實在不堪設想。

　　5月26日，中國大陸國台辦舉行記者招待會，發言人朱鳳蓮表示，其實只要清楚明白回答，WHO認可的大陸疫苗，是要還是不要。時中居然嗆聲：「他們打的我們不敢用，他們沒打的我們有一點興趣。」引起中國網友一陣暴怒，認為對台辦是跪台辦。就算中國大陸包藏禍心，說的總算是句人話，而時中說的則是屁話。網軍及綠委紛紛

表示這是黃鼠狼給雞拜年，建議進口少量疫苗專門給中共同路人打。

但台灣反對的是中共政權，其人民何辜？台灣在綠營操作下專門羞辱中國大陸人民，導致對岸網友目前大多怒台，強烈支持武統台灣。就算不能做朋友，至少不要製造敵人，蔡政府卻極力操作，強化兩岸人民的對立，同時分化台灣內部，反而有利於老共犯台及統一台灣，真是無能無知又可惡。

台灣人命不值錢？

蔡英文是個口是心非的爛人，嘴上說得好聽：「謙卑、謙卑、再謙卑」、「最會溝通的政府」、「勞工是心中最柔軟的一塊」、「民主需要不同聲音的在野黨」、「全國團結拚防疫」……實際卻是高傲無比，從未邀請在野黨領袖或立委來溝通。幾乎所有的前黨主席、卸任的前正副總統、黨內精英，全都在斥責她，甚至割袍斷義。

連帶陳時中也是如此，對學者專家、地方政府要求快篩、普篩，也從未邀請討論；凡是自行從事者，例如彰化縣及台大公衛的大規模篩檢，他則大發官威，更對大多數先進國家的免費普篩嗤之以鼻，酸言酸語：「做得好的人為何要學失敗的人？」視其他國家用生命血淚換來的寶貴經驗如敝屣，結果如今呢？

蔡英文最可惡之處，在於根本不想購買疫苗，拿人民

納稅錢養網軍，以及在拿了小英錢或被她掌握案底的綠蛆立委支持下，收買全部媒體，又有「髒CC」助攻維持民調及政權，為高端疫苗護航，好大撈一筆。向上海復星購買BNT疫苗，說是價格跟數量談不攏，若真是如此，事關緊急，在民主國家就直接邀請在野黨領袖共商且共同負責即可。就連民間企業與團體想出面購買疫苗，都一再給小鞋穿，經過百般刁難才通過，反正台灣人命不值錢。

蘇院長「體恤民間疾苦」，紓困方案大撒幣，其實若不是蔡政府將防疫當兒戲，根本不必花費8,400億，這些預算早可以讓全民施打疫苗，因此這筆費用應該全由蔡及其追隨者以家產自行負擔。蔡英文無知、無能、說謊、獨裁、分化兩岸及台灣人民，暴政橫行，從普悠瑪號、太魯閣號到這次遠超過SARS的亡魂，請問要向誰索命？古今中外，對不顧國民生存死活的執政者，人民應當如何？

8

獨裁防疫必敗

疫苗授權需要交由食藥署，由專家委員會嚴審，
再由監管單位公布結果，
最後衛生主管機關發給證照。
怎可由蔡總統「下令」何時通過？何時有疫苗可用？

容不下異議的無恥政府

　　獨裁防疫，就是天上地下唯我獨尊，任何學者專家只
要意見與我不一致，膽敢提出異議，1450及側翼一律出征
到對方跪地求饒為止。就如2019年賴清德總統候選人初選
的民調原本遠高於蔡英文，卻在一夜之間因網軍而翻盤，
務實的台獨工作者賴清德，只得公開求饒。

　　陳時中真可謂盡得蔡英文真傳，是否該擴大篩檢、
是否要普篩快篩、是否可以讓民眾自費篩檢、費用該是多

少……這些措施對防疫的利弊得失，國際上多有例證，均可用科學論證，更應該公開討論。然而，由於防疫前半年國家口罩隊獲得成功，1450不斷造神，英皇與時中部長被拱上神壇，所以只要有人提出討論——不論是地方政府或學者專家，一律鬥臭。所謂「最會溝通的政府」、「謙卑、謙卑、再謙卑」、「民主就是需要不同聲音的反對黨」，都成了最無恥的謊言。以最後一項來說，最大在野黨三十多名立委前往總統府求見，英皇居然拒見，實是任何民主國家所未見。在野黨也真的無用，早就該打進總統府，將她拖出來公審。

在英皇獨裁之下，權錢一把抓，控制了行政、司法，綠委多成應聲蟲，跟被收買的媒體一起強力監督在野黨，而且施政愈來愈無能腐敗，一出事故、弊端，不是搬「馬維拉」救援，就是甩鍋無事一身輕。目前政府各項工程標案，幾乎都是民進黨人及其周邊者得標，民間單位都不投標，而有何必陪標之嘆！

陳時中從不邀集學者專家，聽聽不同的意見，千錯萬錯，都是別人的錯。柯市長說出首批返台武漢台商，是在陽明山台電宿舍隔離，馬上被出征；徐巧芯洩漏機師足跡亦是如此。但陳時中卻常說溜嘴，還裝可愛，不必受罰及道歉。對百里侯及民意代表都已如此，對無權無勢的學者專家及小民們，更是動不動就口出惡言要法辦。

殊不知台灣防疫第一階段的成功，幾乎與政府無關，完全是台灣偉大人民的貢獻，包括民間口罩隊不眠不休的

努力，然後政府就無恥收割。才打了上半場好球，就開慶功宴，重金請 Discovery 拍攝《台灣戰疫全紀錄》，稱頌小英政府好棒棒；對照後來疫情四起，真是噁心至極。

內外宣誤國至深

由於資訊不透明、不公開，終究會出大亂子。各界一再指稱早就有社區感染，所以有彰化衛生局與台大公衛所的普篩。但當時疫情指揮中心極力否認進入社區感染階段，面對輿論一片撻伐，還說要法辦。然而 2021 年 5 月 12 日，疫情指揮中心專家小組的李秉穎醫師，在宜蘭發生社區感染事件後卻公開說，台灣去年就發生過 10 次社區感染事件了。

因為擋不住怒火，才終於放鬆篩檢條件，陽性率從 5 月 14 日的 11%，降到 5 月 18 日的 5.1%。若依染疫後 7 天為發病高峰期，14 天後為「安全期」的規則來看，5 月 21 日起，確診者若沒有逐日減少，而是 CT 值低、感染性強的帶原者早就全台趴趴走，延後才能篩出，則大事不妙，全國三級警戒恐怕要維持到 6 月中下旬以後[1]。無論如何，還是要依賴全民的努力。疫情爆發後 CDC 終於稍微擴大參與，每天由疫情指揮中心召開全國防疫會議，將各縣市副市長加入討論，避免地方防疫獨立於中央，「獨裁防疫」

1　本文寫於 2021 年 5 月 20 日。

現象漸緩，這是好事。

　　另一項好消息是疫苗終於來了，但同時大內宣也來了：蕭美琴好棒棒，向老美討疫苗有功。但其實台灣在2021年2月就與莫德納簽了500萬劑的合約，說好年中交貨，該廠是具相當信譽的公司，跟蕭代表何關？

　　目前WHO承認緊急授權的疫苗，均是由研發廠商將三期期中實驗，提交各國政府的食品藥物監管單位，例如美國的CDC、歐盟的EMA。台灣則需要交由食藥署，由專家委員會嚴審，再由監管單位公布結果，最後衛生主管機關發給證照。人命關天，怎可由蔡總統「下令」何時通過？何時有疫苗可用？

　　獨裁靠內外宣，希特勒如此，墨索里尼如此，毛澤東如此，一脈相傳至蔡英文。1450側翼及綠媒們，你們到處出征甩鍋，讓異議者一律閉嘴，表面上愛台，其實是在分裂社會、弱化台灣，害國、誤國至深。許多民眾已不相信主流媒體，社會嚴重分裂，當然也能確定其中必有不少中共滲入，一起毀台，國安局是該好好查一查了。

9

雖未蓋棺，早已論定

蔡英文獨裁濫權，
從內部顛覆民進黨基本理念
「民主、自由、愛台灣」，
實是近代史上所謂「民主國家」最邪惡的總統。

　　台灣在無良政客操弄下，早已價值體系混亂不堪，是非不分。國家興亡，匹夫有責，然眾多賢能之人，被邪惡網軍及其側翼出征，甚至痛不欲生，導致憂國憂民之士多已噤聲，這是國之將亡的徵兆。本人高齡，若要上戰場衝鋒陷陣，早已超齡；尚能為者，是言所應言，來日未可期，寧鳴而死，不默而生。

台灣史上最不堪的衛福首長

信仰產生力量，戰略決定戰術，是成敗的根本。衛福部長根本的信念應是保障民眾的生命與健康，但陳時中部長根本無心於此，只有政治意識。2020年初，他不准滯留中國大陸的小明們回台與父母相聚，根本違反「兒童權利公約」，真是枉費此公約顯示在衛福部網站多處，也打臉蔡總統的宣示。

母愛無可取代，所有物種皆是如此。小明們的母親聲淚俱下跪求，民間眾多人士相挺，陳部長卻仍堅拒，蔡政府及綠委無動於衷，根本違反人性。陳部長心中只有政治算計、意識鬥爭，公開宣稱中國人打的疫苗，台灣絕對不用，他們不用的，我們有點興趣。中國疫苗不是不能拒絕，但是身為衛福部長，起碼應該用科學數據指出中國疫苗的缺失，才能讓人心服口服。

截至2021年8月，台灣新冠肺炎確診者超過1.5萬人，死亡逾800人，疫情導致許多家庭破碎，而且數字還在增加中，庶民經濟損失何止千百億？然而，陳部長多次對立法院說謊、情緒勒索，一年半來天天舉行防疫會議及記者會，卻故意阻卻疫苗來台，堅拒快篩普篩，也不願安排類方艙醫院，導致輕症者缺乏照護，在家快樂缺氧而亡；瑞德西韋、高流量氧氣鼻管套組也嚴重不足。立法院通過8,400億鉅額防疫紓困經費，非但不見超前部署，反而成為疫苗乞丐。

台灣數十年來建立的醫療體系，被評為世界第三、亞洲第一，健保更是台灣之光，然而在陳部長領導下一夜破功，被各評比機構評為經濟富有國家防疫之末，數十年辛苦建立的健康醫療體系消滅殆盡。在野立委及國人要陳部長下台之聲不絕於耳，任何有羞恥心者早就掛冠而去，然而他臉皮其厚無比，根本可說是台灣有史以來最不堪的衛福首長。

　　在野人士紛紛批陳是殘害人民性命與健康的衛福部長，但他之所以能如此橫行無恥，仍高居「防疫總指揮官」之位，全靠蔡英文——這位未蓋棺但已被認定為近代史上所謂「民主國家」最邪惡的總統。

　　李登輝主導的修憲，塑造了不必對國會負責的超級總統制，蔡英文因此可以濫權到掌握行政、司法、監察及考試大權，從內部顛覆民進黨基本理念「民主、自由、愛台灣」，追隨卻又超越希特勒的宣傳部長戈培爾，以人民血汗錢建立最強宣傳機器，收買掌握包括媒體、名嘴、網軍、側翼，不斷指鹿為馬、顛倒黑白、雙標、髮夾彎、大內外宣、鐮刀收割。

　　最近的例子是，蔡英文無力阻擋三大民間機構團體購得1500萬劑疫苗，卻在CNN、BBC等國際大媒體說是因為她努力徵召（Recruit）的結果。購買疫苗是政府最基本的責任，但慈濟獲得授權，竟然要感激蔡皇。

綠色認知作戰舉世無雙

蔡英文對認知作戰達到爐火純青的地步，世上無雙，充分利用「斯德哥爾摩症候群」，民間團體深受折磨羞辱，購買疫苗捐助政府，還要感謝她的恩准；又故意阻礙進口WHO通過的疫苗，造成疫苗稀缺，別的國是家「獎打」，台灣則是「搶打」。在世代之間、各縣市地方之間、不同業別之間，甚至互控偷打，真可謂是世界奇觀。

蔡皇又破民主國家之例，2021年5月13日，高端二期期中報告尚未發布時，就先稱七月會有高端疫苗上市。這支全球最貴的疫苗，所有相關資料及價格計算全部蓋牌，毫無羞恥的哄抬民間廠商。

羅東聖母醫院呂若瑟神父，為回饋義大利神父來台付出的善行，在台灣募得1.6億元。蔡英文在呂神父宣布捐助當日，隨即宣布派駐義大利代表前往義大利外交部，表示台灣政府將捐助防疫物資，卻沒有一句提到台灣民間的善舉，所有光環都屬於她一人，真是雞腸鳥肚。

蔡英文利用另一邪惡勢力——習近平——的極大助力，將反對中共政權轉移為反對中國的一切，去中國化十分成功，造成台灣內部世代、族群、行業之間的分裂，兩岸間也更多彼此仇恨與對立，因而有利於她的統治。最可惡者，她將全部綠委變為自己的禁衛軍，完全放棄國會議員職責，例如最近在野黨提出的八大防疫相關議案，多數具有高度正當性，卻一票不少，全遭否決。

最可憐的是被她洗腦、脅持的年輕人，就如同納粹時期的青年，屆時清醒後要面對的，將是終身的痛苦不堪。不過民進黨依靠年輕族群永遠執政之路即將斷絕，因為在嚴重少子化之下，年輕人逐漸消失了，以後選票全在中、老年人手中。

蔡英文以反中為名敗壞台灣，最大在野黨國民黨當然要負相當責任，因為被戴紅帽、扣上傾中賣台的罪名，完全被壓在地上打，毫無招架之力。國民黨就是沒辦法對黨員、民眾（特別是年輕人）分說：反中共政權與反中國人民及中華文化，完全是二件事。請多向新加坡的李光耀父子學學吧！

最後，請蔡英文謹記前副總統呂秀蓮的忠告：「最好相信閻羅王會跟你算帳。」

10

台灣民主進步了嗎？

台灣立足世界至今未被中共統一，
最重要的依靠是民主與自由，
至今都被蔡英文收回了。

　　看到這標題，你以為是在討論民進黨嗎？才不是！
「民進黨」已是歷史遺跡，台灣現在只有1450黨或蔡皇
黨。所有民進黨前主席、卸任的前民進黨正副總統、曾是
黨中堅分子的賢達，例如沈富雄、鄭麗文、陳文茜，甚至
仍為黨員的吳子嘉，不是痛批蔡英文等今日統治階級，就
是割袍斷義，認為民進黨早就被蔡英文等人篡黨、毀黨，
完全失去爭自由民主、為台灣打拚的黨魂。只剩下以黑衣
人誣稱對手黃俊英買票而當選的陳菊，她因濫用氣爆善款
而被監察院糾正（早該彈劾），卻在蔡英文提名與綠委們

的全力支持下，厚著臉皮擔任監察院長，根本毀掉監察院的貞操。

蔡皇耗用人民的血汗錢養1450及媒體，以洪荒之力搞大內宣，一旦有人質疑其無能或腐敗，馬上發動網軍攻擊及甩鍋。但事實就是事實，結果反而導致國家更分裂、人民更不信任政府。

媒體與獨立機關不受民眾信任

本人主持的「台灣民眾對國事意見調查」（完整的方法、問卷及結果，可上本人臉書查詢），對獨立機關是否獨立公平、司法及媒體獨立公正、兩岸發展及戰爭擔心、內部團結及貧富差距、上下代幸福比較等五個層面來從事調查。

在對中選會、公交會、NCC、促轉會四個獨立單位的調查中，對中選會、公交會是否獨立公平，有半數認同，1/4不認同，另外1/4無意見；對NCC及媒體的看法則完全相反。以世代及藍綠比較，年輕世代較認同中選會及公交會的獨立性（1450效應），而中高齡者因人生經驗多，比較持負面意見。

藍綠對這四個獨立機關的看法有巨大差異，特別是對NCC，泛綠62%認同，泛藍不到20%認同，不認同高達74%；世代間也是如此。至於對促轉會結果也與NCC近似，認為促轉會任期屆滿應中止者將近半數，只有1/3認

為應該延期，而有近20%不表態，世代間差異不大，但多半認為應該中止，泛藍更是強烈認為應中止設立。

最有趣的是對司法與媒體獨立公正性的態度，藍綠居然有高度共識，均有六成以上認為不獨立公正，而且媒體又高於司法。大概是1450及綠媒知道自己常製造假消息，所以也不信媒體。在世代差別上，年輕族群相信獨立公正雖然稍微多一些，但不信均大於相信。

分裂台灣的共產黨代理人

另外兩項全民共識是關於「內部是團結或分裂」與「貧富差距」，藍綠均認為台灣愈來愈分裂，貧富差距擴大。雖然綠營有些人認為台灣內部團結，但仍少於認為不團結的人；泛藍認為台灣內部不團結者則高達87%。

蔡英文經常把「團結」掛嘴上，但意思是所有國人都要跟她一致，否則就是不團結。最噁心的是，她在2021年5月11日宣稱「民主需要不同聲音的反對黨」，可是無人不知她與綠營全心全力在消滅在野黨。擔任總統以來，她從未邀請在野黨領袖或立委喝咖啡，最可笑且打破所有民主國家慣例的是，在2021年4月30日拒絕接見國民黨團立委三十餘人，這就是所謂最會溝通、最謙卑的政府。

笑掉人大牙還算小事，問題在於：台灣立足世界至今未被中共統一，最重要的依靠是民主與自由，至今都被她收回了，權錢一把抓。然而根基腐敗，事故不斷，只得

今日公祭，明日忘記，真是最可惡的領導人。她與身旁的網軍不斷吹噓有多少民意支持自己，連國外媒體都接受其大外宣，頒獎給她，甚至列為什麼傑出女性。想當年希特勒、墨索里尼不也是如此？

在蔡英文及綠營統治下，國家分裂、司法不公、醜聞不斷、貧富差距加大，媒體更不受信任。最可笑的是2021年5月12日疫情爆發當天，新聞節目流量最高的，竟是非主流媒體的中天網路。NCC未來恐怕不只要關電視台，更要設立數位發展部，好比照中共在網路上趕盡殺絕。

不論是支持中華民國或主張台獨，首要任務就是壯大國家，但蔡英文不斷分裂、弱化台灣，有利中共統一台灣，危害我國生存。她其實就是共產黨在台的代理人。

11

國家使人變愚蠢？

判斷誰是聰明人，誰是蠢蛋，

不可以當時的社會風向為準，

至少要三、五十年，甚至隔個幾代。

愚民政策害人不淺

美國是世界第一強國 —— 至少目前是如此 —— 有全球最多且最頂尖的大學，以及最多諾貝爾獎得主，但也可能是蠢人最多的國家。

至少有40%美國人相信川普的戴口罩無用論、新冠病毒很快就會消失、喝消毒水可以防疫。這導致美國空有世界醫療科技第一、人才最多、研究能力最強的疾管署，卻是新冠肺炎確診及死亡人數最多的國家，你說美國是不是

蠢人多？

川普說「美國第一」（America First），雖然眾多美國人相信，但這根本是個謊言。美國人民沒有免除生病的自由，因為至今沒有全民健保；沒有免除貧窮的自由，因為一直採行自由主義，貧富差距不斷擴大，釀成2011年華爾街1對99的抗爭[2]；也沒有免除恐懼的自由，黃種人戴口罩會被霸凌，而一模一樣的行為，白人做沒事，黑人做會被逮捕、坐牢，甚至被槍殺。美國根本違背聯合國一再宣稱的宗旨：人類應有免除貧窮、疾病、恐懼的基本自由。

美國人為什麼會變蠢？因為財團，特別是軍工產業財團，可以買參眾議員、買媒體，對民眾洗腦，認為美國第一。2018年美國的國防預算是6,861億美元，全球第一，比第2～16名的總額還多。然而，美國至今沒有全民健保，無家可歸者高達60萬；失業率因為疫情飆高，付不起房租而被掃地出門者比比皆是；基礎建設，不論道路或橋梁均破舊不堪。

到底美國是強盛世界第一，還是蠢人世界第一？

習近平隔著太平洋和川普較勁，也來個中華民族偉大復興，花中國人民的血汗錢進行「一帶一路」，有的給錢，有的連騙帶搶，企圖成為世界第一大國。

中共建國後不斷發起政治運動，三反、五反、人民公

2　諾貝爾經濟學獎得主史迪格里茲（Joseph E. Stiglitz）在《不公平的代價》（*The Price of Inequality*）一書指證歷歷：美國是1%人擁有，1%人操控，為1%人服務。

社、文化大革命，當時多數中國人認為，毛澤東或共產黨是中國（甚至是人類）的救星，凡是表示一點懷疑的，下場就是被消失或勞改。現在的習近平也是如此，要把中國人都變成蠢人，稍明白的都變成笨人。

莫把謊言當真理

德國有一流的哲學家，例如黑格爾、尼采、韋伯、馬克思，也有最優秀的全民教育；但當年希特勒及他的宣傳部長戈培爾，用說了一千遍的謊言當成真理，讓全民都認為自己是比其他種族更優秀的聰明人。

先是清理非雅利安人的「劣等人口」，再讓年輕人進攻歐洲各國，老弱婦孺則日夜勞動、忍飢耐寒，以利軍需。後來德國遭盟軍及蘇俄反攻，在嚴寒的西伯利亞被轟炸，死傷無數，整個國家幾乎被夷為平地。當時誓死效忠的「聰明人」，不過數年才知全是「蠢人」，否則整個國家民族不會如此悽慘。

日本是另外一個例子，在天皇「主導」（至少是默許）下發動「聖戰」，全國人民都成了「聰明人」，百萬大軍占領中國許多土地，再南下占領整個中南半島、菲、印及太平洋，直到踢到珍珠港這塊美國鐵板。

在美國反攻的逐島或跳島戰爭中，美軍死傷無數，而日本則數倍於美軍，如關島、硫磺島，日軍愚忠，寧死不降，優秀的年輕人以自殺飛機殉國。最可悲的是沖繩的日

本平民，攜幼扶老從懸崖跳下大海，向軍閥及裕仁天皇效忠。這些日本人，難道不是蠢之又蠢？

日本戰敗後，同盟國為避免更大的傷亡，商議保留天皇以安定日軍。裕仁天皇若有良知，應在死前發表悔言，自承罪惡至深，只是為日本政局安定，忍辱繼續擔任天皇；但他未如此做，證實了他的惡貫滿盈。

德、日兩國的「聰明人」，都犯下了反人類罪，例如用活人做實驗，以及用各種殘忍手段企圖滅絕其他種族，其笨無比，罪不可逭。

誰是聰明人，誰是蠢蛋，不可以當時的社會風向為準，真要準確判斷，至少要三、五十年，甚至隔個幾代。目前台灣檯面上的聰明人，難道不也是如此？

12

民眾偉大，政府混蛋

政治人物每次說政府出錢興建什麼，

嘉惠民眾什麼，

其實都是花全民的錢。

台灣民眾如何偉大？先看兩例。

第一，2020年新冠肺炎防疫十分成功，當時衛福部領導有方固然是因素之一，但民眾回應號召、齊心配合，返台有症狀者，大多先自我防護，入境就主動申報，才能擋下第一波疫情。2021年5月疫情爆發後，全國人民共同抗疫，一個多月就讓疫情逐漸降溫。

第二，雖然疫情嚴重，全民經濟受困，但吃人一口，至少還人半口。呂若瑟神父為故鄉義大利募款，才兩、三天就超過原定目標1,100萬；呂神父當天就交代隔天一早

宣布停止募款，因為社會需幫助的人太多，他不願吸走過多善款，讓其他艱困的社福團體更難募款。結果過了一個週末，星期一上班時結算，捐款已達1.2億。呂神父不斷呼籲勿再捐款，最終善款仍達1.6億，捐助者超過三萬人，可見台灣民眾多麼偉大。

作秀又無禮的台北市政府

至於政府如何混蛋？先說個小咖的。

柯文哲一當上市長，就設立廉政委員會。其實國家本來就有一套防制貪腐的制度（只是績效太差），而廉政委員又無調查權，更無約詢權，根本只是作秀。姑且不論本人在台大醫學院或醫院是柯文哲的前輩，就算基於一般禮貌，也應該找人打電話招呼一聲。但柯市府問都沒問，就直接發文「任命」本人為委員，「賜」我一個官位。

本人又不是沒當過公務員，笨蛋才陪他作秀，馬上去電市府政風處，拒絕擔任。該委員會至今未辦過任何像樣的案子，似乎已無疾而終，但維基百科仍顯示本人為廉政委員。既然如此，本人就以「未就任」廉政委員名義，指控柯市長領導的是浪費民脂民膏、增加排碳、暖化地球的混蛋政府。

首先，台北市不知有多少公里的路旁排水溝，溝蓋原是長方形水泥塊，有四個小孔，以便吊起，而每隔四、五塊再有一個鐵製柵形水溝蓋，以利排水。這些溝蓋絕大多

數平整，不論行走或停車均無任何不便之處，但每隔一段時間，北市府就將其挖走，改成連續性的水泥蓋，今天這裡一段，明天那裡一段，製造大量廢棄物。最經典的是鑿除喜來登飯店門前到監察院旁所有的人行道及水溝蓋。原本的人行道十分平整，從未有不便之處，這樣做根本是沒工程找工程。

最混蛋的是新北投捷運站旁的七星公園，自柯市長上任至今從未停工過，先將美麗草坪及良土挖掉，換上夾雜建築廢物的爛土，鋪上東缺一塊、西缺一塊的草坪，再將原先良好的步道全部挖掉重鋪。鋪完後又挖掉一塊改種草坪，草坪再挖掉改鋪石板，目前又新立看板，預計花6,600萬。只在七星公園，混蛋市政府亂花的錢就以億計。

本人曾向兩位議員提及此事，但一點用也沒有，十個立委八個混蛋，十個市議員大概有九個混蛋。

每天我騎UBike經過北投大業路517巷，早上七點前就有一群腰都打不直的老人家，等回收場開門交廢紙（每公斤1元）、寶特瓶（每公斤4元）。他們收入多時百來元，少時幾十元，還不知能工作到何時。看到混蛋市政府如此亂花錢，你說要不要開幹？恭請柯市長去撿拾一公斤的寶特瓶試試，不要老是騎車作爛秀。

亂花稅金最混蛋

上面說的是小咖，那麼大咖呢？新冠疫情政府為了紓

困，每人發一萬元，但其實台灣每個人早就交了兩萬元去蓋「核四紀念碑」，花了80億元建造故宮南院蚊子館。台灣蚊子館花費之多是以兆計，政府混不混蛋？每年還要編預算去活化蚊子館，更是混蛋加三級！

蘇貞昌用棍子指著看板，說要如何紓困，那副嘴臉好像是在施捨全民，但那些錢不都是百姓現在及未來交的納稅錢嗎？政治人物每次說政府出錢興建什麼，嘉惠民眾什麼，其實都是花全民的錢。

蘇院長、蔡總統出過多少錢？政府的責任就是把老百姓的錢用在刀口上，讓社會獲得最多的幸福，結果呢？各位官老爺要知道，至少有千萬人一面繳稅，一面咒罵你們祖宗三代。政府少點混蛋，就是全民的幸福。

13

誰是統派，誰是獨派？

綠營矛盾的作為撕裂、弱化了台灣，
老共一再威嚇統一台灣，反而促進了台獨。
兩者統獨互換，真的是「豬羊變色」。

自相矛盾的去中國化

18世紀的北美13州，雖然和英國同樣以盎格魯─撒克遜人為主，卻因為政治信念不同打了一架，獨立成為美利堅合眾國；但因血緣文化相同，自此兩國聯合到處打別人，一戰、二戰、韓戰、伊拉克、阿富汗等戰爭，二國一直相隨，並一起對抗如今已解體的蘇聯。

至於紐、澳，人種也以英人為主，政治體系也與英國相近，但由於當年兩地相隔遙遠，來往總要兩、三個月，

甚至半載以上,只好另外自成國家。

兩岸的血緣、文化高度連結,今日我們所說的台語,是中原語系的一支;台灣各地墓碑,多半標示祖先堂號,追溯來自中國大陸何地。綠營不遺餘力去中國化,極端者甚至認為媽祖、關公是中國的神,但到了選舉,綠營從總統候選人起,誰不是到處拜中國的神?

即使日本人統治台灣50年,都未能消滅或「更正」台灣端午節吃粽子及划龍舟、中秋節賞月吃月餅、元宵節賞燈吃元宵、過農曆年而非陽曆年等習俗;綠營想要去中國化,官方卻也過這些節日,對其來源隻字不提,在課本上也不見了。這一切相互矛盾的作為撕裂、弱化了台灣,反而有利於老共統一台灣。由此看來,綠營可說是不折不扣的統派。

一國兩制已然成為笑話

老共也是可笑,世上何來「一國兩制」?兩制必然就是兩國,不然就是「外來強勢政權」對少數原住民表達懺悔的內部制度,例如美國早年騎兵隊打印地安人打得不亦樂乎,毀約、強占土地、殺戮、滅族,現在成了最羞恥的一段歷史,也因此給予印地安人各種優惠。澳洲、紐西蘭對毛利人懺悔;台灣漢人提供原住民各種優惠。尊重原住民的生存權及文化,是現代文明國家的表徵,這勉強算是一國兩制。

但是兩岸政治體制完全不同，分隔已超過70年，如何一中？綠營應該去除的，是中國的政治體制，而非「中國」文化。政治的中國與血緣文化的中國，是完全獨立的兩件事。

　　老共一再表明要統一台灣，說台灣是中國的一部分，若說是廣義的血緣、文化連結的中國，或許勉強說得過去，但政治體制完全不同，一再威嚇，反而對促進台獨大有助益。由此看來，習近平可說是不折不扣的獨派。

　　民進黨與共產黨統獨互換，真的是「豬羊變色」。至於九二共識則更有趣，它其實就是「兩岸完全沒有共識」的共識；國民黨若還抓著九二共識不放，可就永遠不能翻身了。

　　在此奉勸各位政客停止為了權勢或選票，以意識型態治國，並且以理性面對事實，以免造成不可挽回的悲劇。

14

誰撕裂了兩岸三地的華人？

我們要去除及不認同的，
是政治的中國，
而不是文化及血緣的中國。

　　多民族國家，即使各民族文化、語言、信仰不同，
但因社會、政治體制理念相同、相互扶持，也可以其樂融
融，瑞士、新加坡、加拿大就是例子；單一民族國家，雖
然血緣、語言、文化高度連結，但因政治體制不同，分裂
成不同國家的情況也所在多有，北美13州發動獨立戰爭並
成功脫離英國，就是典型的例子。

政治體制差異造成衝突

　　兩岸三地雖然語言、文化、血緣高度連結,但百年來政治體制有極大的差別。香港曾受英國統治,沒有民主,但有自由及法治;中國大陸自1949年建政以來,一黨專政,不容異己,鬥爭不斷,三反、五反、大躍進、文化大革命,導致生靈塗炭,就連忠貞幹部也鬥死無數。鄧小平改革開放,總算讓人民在生活上喘口氣;但隨著經濟起飛,科技追趕西方,掌握了更多工具後,反而更加控制人民的思想、言論及行動。

　　中共政權對香港從一國兩制的「馬照跑舞照跳」,到強行通過「送中法案」,引起港人強烈反彈;更將「國家安全法」強加於港人,拘捕《蘋果日報》創辦人等至少九人,壓制言論自由;更別提2015年銅鑼灣書店股東及員工「被失蹤」事件,都完全消滅了香港的自由及法治。

　　一國兩制在習終身主席的治下,已成一國一制,香港人失去了自由及法制,如何能接受?因此從討厭中國體制變成討厭「中國人」,若干「中國人」也對香港人的「數典忘祖」大加撻伐。愈來愈多香港人認為自己雖是華人,但不是「中國人」,港獨興起也是必然。

　　至於老共對台灣,特別是習近平掌權後,更加大文攻武嚇的力度。綠營意識到這是見縫插針的最好機會,為了奪權,利用此氛圍,將國民黨落實為外來政權,全力去中國化。但與此同時,元宵節不但要吃元宵,還要花大錢

辦燈會；端午節依然吃粽子、划龍舟；中秋節除了吃月餅外，再加碼烤肉。只不過這些節日的緣由都從課綱中消失了，難道只因為台灣人太愛吃喝玩樂？

綠營是中國統戰的「幫手」

從蔣經國准許老兵返鄉及解嚴，到馬英九執政時期和中共虛與委蛇，促進雙方來往，並對台灣經濟發展產生了重大影響（例如ECFA，綠營也不敢喊停，反而擔心老共終止）；九二共識在當時也具有穩定台海的功能。然而，習近平已完全表明，兩岸三地只有一國一制，九二共識已成為完全沒有共識的共識，國民黨想要成為有功能的在野黨，大老們非去除所謂九二共識不可（這是中共逼的，非大老之過）。

選舉一向是感性而非理性的，歐美頂尖政治學者的研究結論莫不如此。綠營要對抗國民黨及中共的壓力，必然要用種種方式宣稱台灣人不是中國人，至少不是政治上的「中國人」。國民黨的反制之道，應該要讓民眾了解台灣人是華人，而不是「中國人」。我們要去除及不認同的，是政治的中國，而不是文化及血緣的中國，但國民黨就是不敢說，也永遠說不清楚。

從蔣經國開放老兵回鄉、解嚴，到陳水扁、馬英九執政時期，兩岸人民雖不至於如柯文哲所說的「兩岸一家親」，至少仍相互有好感。如今在習近平與蔡英文相互激

化下，兩岸人民仇恨已起，大陸年輕人甚至學術界人士，贊成武統者大增，而蘇貞昌則要台灣人跟共軍戰到最後一支掃把。

兩岸三地華人間的血緣、文化連結撕裂了，如因此血流成河，習近平必然是中華民族最大罪人，而蔡英文不過是個不知如何統戰的小幫手而已。

15

新冠肺炎是中國的陰謀？

新冠疫情使美國陷入經濟困境，
中國大陸的處境也不輕鬆，
雙方都打出「感性」大旗團結內部。

　　新冠疫情延燒，有人說這是中國的陰謀，就如荊軻刺秦王，恨嬴政入骨的樊於期自願獻上人頭，做為荊軻見秦王的伴手禮。

輕忽疫情的嚴重代價

　　2019年12月底，武漢發生疫情，吹哨者必須封口並寫「悔過書」，地方政府尚且舉辦萬人宴，歡慶新春。中共對疫情發布隱晦的聲明，而被豢養的WHO祕書長，以為

疫情輕微，不必限制，包括赴大陸的旅遊，一些國家輕信此說法，甚至有歐洲白人至上的觀念，認為這是黃種人疫病，而川普狂人更不以為意。

之後，歐洲各國及美國連續「炸鍋」，但防疫基本物資，例如口罩、隔離衣、防護衣、呼吸器等低階產品，歐、美、日等國家極少生產，而中國是防疫基本物資生產及儲備第一大國，此類物資皆需向中國購買。疫情爆發後，各國一時措手不及，重啟生產線總要若干時日，即使台灣舉全國之力，也花費兩個多月才舒緩缺口。

由於缺乏基本防疫物資，初期又無有效治療的藥物及疫苗，新冠病毒傳染力超強、潛伏期長、無症狀帶原者多，致死率為流感百倍以上，在全球各地爆發大流行；民眾求無口罩，身處第一線醫護人員毫無防護，與病患淚眼相視。唯一的防疫方法就是社會隔離：居家、封城、鎖國，卻必須付出巨大經濟生產與生活代價。

兩敗俱傷的局面

那麼，哪個國家能最先控制疫情呢？答案當然是先發生的中國大陸，因為染病者多，全體免疫力高，防疫經驗多，所以能最先控制疫情。台灣具先見之明，即時採取有效控制措施，而成為內部「最乾淨」的國家；雖然2021年5月爆發新一波疫情，但也逐漸控制下來。不過在疫苗有效普遍接種、全球疫情獲得控制前，由於缺乏群體免疫，

則是潛在最危險的國家，只能不斷鎖國。

因此，在鎖國情勢下，中國將是首先大規模恢復生產的大國，其他國家仍得在恢復經濟及防疫間兩難。加上美國的肆意妄為，不顧全球人類共同利益，早已成為開發中國家的惡霸，原是美國同盟的歐盟、紐、澳、日也漸漸疏離。因此美國提出罷黜譚德塞，眾多非洲、東南亞、南美的開發中國家反應冷漠，完全可以預期。

雖然新冠疫情使美國陷入經濟困境，中國大陸的處境也不輕鬆，雙方都打出「感性」大旗團結內部。在野心家自利下，未來可能重演1930年代法西斯納粹與軍國主義，造成生靈塗炭的人間悲劇。

新冠肺炎是否為史上最大陰謀，目前仍不得而知，但執政黨控制多數媒體只批在野黨、緊抱美國大腿，加上國人缺國際觀，台灣危矣。

二、

社會困境重重

16

1993年世界銀行的忠告

簡單說，國家是否興盛，

不在於礦藏及自然資源的多少，

而是「人礦」，亦即人力資本的多寡。

世界銀行成立於1944年，是二戰結束的前一年，其設立宗旨為「消滅貧窮」，而且不只要消滅全球國家的貧窮，更要消滅單一國家內部的貧窮，理由非常簡單，因為「貧窮」是民粹及法西斯的溫床。

最近的例子就是美國。由於自動化及AI技術的發展，鐵鏽地帶（Rust Belt）的勞工及基層白領階級，遇到工作漂移與種族問題，貧富差距達到有史以來最大。川普富可敵國，在自己的佛州高爾夫球場避寒打小白球，卻將這些挫折及相對剝奪感，全甩鍋給對手及其他國家，特別是中

國。即使連任失敗，其支持度仍不見消退，這情況再度證明選舉是感性大於理性，分裂及弱化了美國。除非有新的領導精英能扭轉乾坤，否則美國霸權必定每況愈下，再也回不去了。

國家發展與生存最重要的投資

世界銀行1993年的報告長達200頁，主題是「投資健康」（Investing in Health），其中一頁特別標明是「給世界各國領袖的忠告」。因為世界銀行努力援助及投資開發中國家將近50年，修路、建碼頭、設鋼鐵廠等，結果幾乎沒讓任何開發中國家發展為已開發國家。除了歐美強國外，日本在二戰前已高度開發，其餘勉強只有新加坡提升為已開發，韓國、台灣在1993年只能算小龍，世界銀行可說是白忙一場。

深切檢討後，世界銀行特別敬告各國領袖，國家發展最重要的是投資「健康」及「教育」，這兩項不是加法，而是乘法，彼此相輔相成。例如台灣光復初期，學童普遍染有寄生蟲、沙眼、皮癬、頭蝨，還有小兒麻痺及麻疹後遺症等造成身心障礙，必然影響學習。勞工罹患疾病更造成生產力及醫療支出的雙重損失。

而教育普及使民眾的生活知能提升，更能確保健康。WHO的報告指出，開發中國家婦女的平均教育年限每延長一年，嬰幼兒死亡率可減少3%。教育及健康使民眾能夠

照顧自己及家人，社會與經濟必然發達，所以世界銀行如此忠告各國領導人。

　　簡單說，國家是否興盛，不在於礦藏及自然資源的多少，而是「人礦」，亦即人力資本的多寡。委內瑞拉石油豐富，人民卻買不起汽油，因為其2014年物價上漲率是69%，到了2019年上漲率是5220%。阿根廷國土面積270萬平方公里，是韓國的十倍，人口比韓國少幾百萬，地廣人稀，彭巴草原到處是牛羊，但阿根廷人民居然吃不起牛肉，其2019年物價上漲率是53%。反觀日本、韓國、台灣、新加坡、以色列，皆是資源缺乏、土地狹小、颱風與地震等天然災害頻傳，但因為有豐富的人力資本，仍有高度的發展，大多數人民買得起汽油及牛肉。

　　美國雖然目前是世界第一大國，但認為健康是個人責任，一直沒辦理全民健保。美國教育是由地方政府辦理，社區貧富差距甚大，各地小學至高中的教育水準天差地別；至於高等教育是個人的投資及資產，不像歐洲國家的大學學費以平價著稱，即使個人具有潛力，也無法投資自我能力提升，結果因工作漂移而無法再與他人競爭。因此美國雖有一流的大學，但階級及財富固化，總體人力資本必將落後其他國家，逐漸衰敗。

台灣的教育資源差距問題

　　台灣因為有全民健保，就醫有相當的公平性，但在教

育上卻有很大的問題。本人曾受國民教育署之邀，訪視若干中、小學，一進學校就可知其所在社區的水準。令人感嘆的是，不少學生一週跟父母互動的時間竟不到一小時，早上出門上學時父母仍在床上，留了80元或100元，當做一天的生活費，晚上回家時父母已到夜市打拚。根據《今周刊》1089期的報導，台灣有超過2萬名廢墟少年，他們不就學、不就業，甚至圍事、吸毒、鬥毆，這是國家人力資本重大的損失。

另一方面，有權勢的家庭大多將子女送去著名的私立國、高中，其學費比公立大學（甚至私立大學）還高。台北車站M8出口，每天下午都會出現一群年輕人，他們長相清秀、穿著名牌，排隊搭電梯上補習班。已有不少研究指出台灣教育的階級化，進入台、清、交等公立大學者，多半是優勢家庭出身。國立大學的學雜費只有私立大學的一半，父母同樣繳稅，弱勢家庭的子女卻要負擔較高的學雜費，要打工、貸款以完成學業，起跑點就不公平。教育的階級化、世襲化，也導致財富、社會及政治影響力的階級及世襲化，不利於社會流動與人力資本的發展。

各縣市政府投入城鄉國民教育的資源差距甚大，代課老師與鐘點老師充斥，應列為縣、市長政績評比的優先項目。民間人士如嚴長壽、李家同，致力於提升偏鄉的教育水準；也有「南螞蟻計畫──台北市城鄉交流之旅」，每年籌募20萬元交予偏鄉校長，帶領學童到台北體驗搭捷運，參觀101、故宮博物院、中正紀念堂，品嚐麥當勞漢

堡的滋味，了解什麼是斑馬線及小綠人。這些對偏鄉教育的關懷令人感動，但不過是杯水車薪，重點仍在於政府的作為。

在高等教育方面，根據本人擔任台大系主任及導師的經驗，清寒獎學金幾乎發不出去，即使學費增加一倍，學生仍樂於入學。因此我建議公立大學以成本收費，合理學費應該至少是今日的兩倍以上，對於真正貧窮的學生，則給予全額獎學金及生活費。多收的費用則用於降低私校的學費，如此將能大幅提升台灣的人力資本，使社會經濟發展不再停滯。我相信敢提出如此主張的政黨，至少可以額外獲得百萬以上的選票。

17

人類是否「進化」了？

一直以來，人類從沒停止過戰爭，
並持續破壞環境，嚴重影響地球生態，
在自我毀滅上不斷進展。

　　說起進化，非要提起達爾文的演化論不可。從單細胞到多細胞，從無脊椎到脊椎動物、魚類、兩棲類、爬蟲類、鳥類、哺乳類，博大精深，先行略過；在此只談智人出現至今已數十萬年，人類的能力是否進化了？

　　要談這問題，我認為最適合從吳承恩的《西遊記》開始，他可能是中國（恐怕也是全球）最偉大的預言家及科幻小說家。

從西遊記看現代科技

吳承恩筆下的孫悟空，原來不過是花果山上的一隻潑猴老大，因緣拜得菩提祖師為師，不斷「進化」修練，最後當上齊天大聖，翻個筋斗十萬八千里，有順風耳、千里眼，拔根毫毛吹口氣，就有千百個分身，這就是吳承恩腦中認為人類進化的極致。

關於這些「想像」，今日的人類都做到了。以行進速度而言，最近打破馬拉松紀錄的肯亞跑者，在兩小時內跑完42公里，時速21公里。但其實人類早已進化到能利用工具：學會騎馬，每小時可移動40～60公里；接著發明各式工具如汽車、高鐵、噴射機、火箭等，速度不斷增加，太空船甚至已能飛離太陽系，所以翻個筋斗十萬八千里，雖不中亦不遠矣。

順風耳、千里眼更不在話下，打開手機就有了。記得1973年台大醫學院還沒有電腦，各教授的資料多委由我處理分析，使用的是在法學院內商學館的IBM system 3，CPU只有128K，寫程式都要先計算CPU空間夠不夠，今天任何智慧型手機的速度，都快過當年何止千倍。依照摩爾定律，每18個月晶片容量與速度就增大、加快一倍，人類能力的進化，可以一直下去。

至於吹口氣可變出多個分身，人類也做到了。1996年，第一次成功複製了桃莉羊；到了2018年初，中國複製了兩隻中華獼猴，取名中中、華華。能夠複製靈長類，幾

乎等同於可以複製人，只是各國基於倫理，均大力阻止。

日漸惡化的社會與生態

其實，人殺人的能耐更是一日千里。古代使用刀劍，一天能殺的人有限；二次世界大戰打了四年，使用槍枝、大砲，也「不過」殺了5,500萬人；今日如果爆發核彈大戰，則只需要一枚多彈頭飛彈，一、兩個小時內就能殺掉超過一戰與二戰死亡人數的總和。

國跟國之間從沒停止過戰爭，人類不斷流離失所是常態。遠的不說，根據聯合國難民署統計，2015年全球總計有4,130萬人流離失所。一個敘利亞紅衣小男孩趴臥在土耳其海灘的照片，讓全球多少人沉默落淚。

至於人與自然，更是無能相處，1970～2014年，人類直接與間接滅絕了40%的地球物種，且情況持續惡化，嚴重影響地球生態；大量排碳使地球暖化，加上巴西、印尼雨林大幅被破壞，即使瑞典女孩怒視川普，向全球領袖怒吼：「你們大人好大膽，只為了金錢，毀了我們年輕一代的未來。」情況有任何改變嗎？

顯然，人類在人與人、人與社會、人與自然的相處上，並無進化，而只在如何自我毀滅上不斷進展。所以，請問人類真的「進化」了嗎？

18

科技造福或禍害了人類？

人類科技上窮碧落下黃泉，
但似乎並沒有使整體社會更幸福。
之所以如此，顯然是分配制度發生了問題。

科技進步不等於幸福

人類萬能！近數十年的科技發展，讓人們原以為是科幻的場景，幾乎都已實現。以《西遊記》的孫悟空來說，他有千里眼、順風耳，今日人人打開手機就能做到；翻個筋斗十萬八千里，而人造衛星早已脫離太陽系，進入無垠的宇宙；拔根毫毛吹口氣，就有成千成百個分身，如今人類也已能複製各種生物，包括靈長類的獼猴，之所以尚未複製人，並不是技術不行，而是因為倫理問題。

其他科技如機器人、人工智慧、自動駕駛、無人機，以及遠距醫療、基因改造及治療，能製造各種疫苗預防傳染病，甚至讓疾病從地球上消失（例如天花、小兒麻痺等）。人類科技上窮碧落下黃泉，如《大學》所言「苟日新，日日新，又日新」，可說是「目不暇給」。

但，人類更幸福了嗎？

舉個最簡單的例子：生技公司孟山都（Monsanto）研發各種新品種作物與基因改造作物，先不論是否帶來危害，至少促進農作物大量增產，但人類有因此如聯合國所說，得到免於飢餓的自由嗎？2020年的感恩節，世界第一的美國，各州在「食物銀行」前排隊只求果腹的人龍，簡直看不到盡頭，更遑論開發中或貧窮國家了。此外，2019年聯合國糧食及農業組織公布，全球有10億人每天處於飢餓狀態；但另一方面，丟棄浪費的食物達13億噸。何以如此？顯然是分配制度發生了問題。

新品種作物因為能適應更嚴酷的氣候及土壤，並且抵抗病蟲害，所以產量增加，但反而造成人類社會更多的不幸。因為最優先獲得新品種的，通常是大農及富農，雖然農產品價格因產量增加而下降，仍有巨大的利益；而小農未能及時跟上新農業品種及科技，產量少，價格又被拉低，收入反而減少，此常為土地兼併的重大原因。生於清末的平民教育家晏陽初，在1930 ~ 1943年間推動農村建設改革，即著眼於此。

幸福的關鍵在於制度

1950年代，台灣因為美援的緣故，農村復興聯合委員會將農作物和家畜品種的改良，直接引到基層農村，配合灌溉、土壤改革、農村信貸及合作社，加上土地改革，農村整體復興；再以農業支持工業，造就台灣錢淹腳目的年代，完全擺脫前述農業科技反而給農民帶來的苦痛。

近代科技如自動化，讓多少技術工人、藍領階級工作沒有了；資訊化及AI，讓多少中低階白領階級失業；到了未來，連放射科或內科醫師，也將逐漸被醫學大數據及AI所取代。

美國有第一流的醫學院及生物科技人才，但新冠疫情卻最為嚴重，染病人數世界第一，死亡人數遠超過越戰與韓戰的死亡人數。美國人的平均餘命、孕產婦與嬰幼兒死亡率的控制，均遠不如台灣，但平均每人醫療支出是台灣的2～3倍，可見醫療科技與公共衛生制度，是不同的兩件事。

只有科技創新未必能造福人類，還必須加上良善的制度。然而，人類社會在尋求最適政治方面，卻屢屢受到重大挫折。

著名政治經濟學者福山，曾在柏林圍牆倒下時，宣稱在資本主義下的民主制度，是人類終極的「良制」，可惜沒幾年就被法國的皮凱提以實證推翻，福山也自承錯誤；至於另一極端的中共或北韓的社會主義，拜今日科技如人

臉辨識、網路控制之賜，人民完全沒有自由及尊嚴。目前為止，或許只有北歐小國的社會民主制度可以帶來幸福，但仍有待觀察。

19

信仰的善與惡

信仰既可成就人類，
也可使無數人頭落地，
全看它是良善或邪惡而定。

　　有信仰的人有福了，因為知道自己為何而活。從古
至今人類是唯一物種，會不斷問自己是從何處來？往何
處去？為什麼有「人」？為什麼有「我」？人生的意義何
在？一旦有了信仰，這些問題就有了答案，可以確定自己
生命的意義，也讓生命有了力量。

信仰力量巨大無比

　　孫中山先生在《三民主義》第一講說：「大凡人類對

於一件事，研究當中的道理，最先發生思想，思想貫通了以後，便起信仰，有了信仰，就生出力量。」信仰的力量巨大無比，例如歐洲自中世紀開始，各國君主為了鞏固統治正當性，主張「君權神授」的思想。

直到英國哲學家洛克（John Locke）、法國思想家伏爾泰、盧梭等人，研究了人與宗教、政治間的道理，發生思想的轉變，提出「人權自然論」、「天賦人權」等主張，成為他們的政治信仰。

這些思想及信仰普遍化之後所產生的力量，促成了法國大革命、美國獨立戰爭，以及之後許多集權國家及受欺壓的弱小民族，紛紛進行民主革命及爭取獨立，讓國際政治及社會發生驚天動地的變化。

另一方面，信仰的力量也會造成生靈塗炭。希特勒的種族主義信仰，讓千百萬德國人為其效忠，集體陷入瘋狂，結果導致了重大傷亡。二次世界大戰期間，全歐洲因戰爭死亡的人數超過3,500萬；日本大和民族至上的信仰，也造成中國1,800萬人送命、東南亞國家難以計數的冤魂，以及日本300萬人的死亡。

19世紀馬克思的《共產黨宣言》及《資本論》，促成俄、中二大國家，以及東歐、亞洲、南美諸國的共產革命，更令東西方冷戰超過半世紀，影響何其深遠。毛澤東在個人信念下，推動了大躍進及文化大革命，更不知餓死及鬥死了多少中國百姓。

宗教戰爭幾乎構成半部人類史

政治如此，宗教亦然。神是否創造了人，至今不得而知，也無法證明為是或為非，但幾乎所有神都是人創造的，至少宗教信仰的教義、儀式、神像或符號，全是人創造的。《人類大歷史》（*Sapiens: A Brief History of Humankind*）、《人類大命運》（*Homo Deus The Brief History of Tomorrow*）兩書的作者，歷史哲學家哈拉瑞（Yuval Noah Harari）雖出身信仰虔誠的家庭，但強烈主張神是人創造的，讓人類因信仰而能賦予自己生命意義。

然而，宗教信仰所引起的殺伐，遠遠超過了政治信仰，宗教戰爭史幾乎等於半部人類史。中世紀十字軍東征，基督徒與回教徒互殺將近200年，直到近日，ISIS仍對抗基督教文明；緬甸的佛教與羅興亞人；巴爾幹半島（一次世界大戰的引爆點，被稱為歐洲火藥庫）的基督教與回教戰爭。就算是同一宗教，不同派系之間也常殺紅了眼，例如歐洲於1618～1648年的「三十年戰爭」、北愛爾蘭的天主教與基督教內戰（近年才得和解）；近年來回教什葉派與遜尼派的殺伐，幾乎無日無之。

如何分辨善與惡？

信仰既可成就人類，也可使無數人頭落地，全看它是良善或邪惡而定。但如何分辨信仰的善惡，卻是很困難的

一件事。

　　某個信仰是否以人為本，是否尊重生命，或許是個判別方法。「神愛世人」，世人有貧富貴賤、不同種族、不同宗教、有男有女、有賢有愚，都宣稱為神所愛，這應該是好的信仰；「普渡眾生」要超渡包含各種特性的芸芸眾生，應該也是好的。像是以愛生命為出發點的德蕾莎修女，奉獻一切給印度貧民，即使身處異族及不同宗教的社會，仍能成就其偉大。

　　那麼，什麼是「不恰當」的信仰呢？缺乏敬天愛人思想，一旦認定他人為「異族」，特別是「異教徒」，就加以排斥、欺凌、奴役及殺害，這是信仰造成血腥的源頭，例如早期美洲基督教白人對待黑人及印地安人；紐澳、台灣、日本主流人種對待原住民，以及永不休止的宗教戰爭。此外，要信徒捐出財富，甚至身體性命，專供教主享用而非用於眾生，則定屬邪教，應極力避開。

　　只要是信仰，不管是政治或宗教，都具有巨大的力量，但唯有倡導及實踐愛及尊重生命的信仰，才能帶給人們幸福及喜樂。

20

人類能否超脫？

互助與互殘是同時存在人類社會中的現象，
啟動何者？為何啟動？
這是社會、心理、人類及政治學者的大功課。

　　依照達爾文的觀察，自然界物種會隨著環境的改變演化，適者生存，不適者淘汰。他發現演化是隨機、具有突變性的，經常沒有方向性及目的性，與物種的「強弱」也沒有直接關係。例如6,500萬年前的白堊紀末期，因為小行星撞擊地球或火山爆發的突發事件，就讓當時最強盛的物種恐龍全部滅絕，個體小如老鼠的哺乳動物自此興起。

社會達爾文主義的危害

　　那麼人類社會呢？是否也有和自然界一樣的演化現象？某些社會學者、政客及野心家，借用自然界演化論，發展出「社會進化論」。「演化」與「進化」只有一字之差，意義卻差了十萬八千里。「進化」代表後來者或生存者優於前者，是往更好、更優的方向前進。由於社會進化論的影響，過去那些奴役、掠奪、欺騙、殺害、毀壞其他民族或文明的行為，都被曲解為「適者生存」。所謂文明現代國家，不論是葡、西、德、荷、法、美，或是後進的日本，都曾如此。

　　以日不落的大英帝國為例，從國王至王公貴族，人人衣冠楚楚，口出莎士比亞名句，行止進退有禮，卻以販毒（鴉片）賺錢。在中國遇到反抗，靠著拳頭大耍流氓，打得滿清割地賠款；一次不夠，再聯合法國打第二次；再來是八國聯軍，攻下紫禁城，掠奪無數文物來充實大英博物館。中東古文明的文物、敦煌莫高窟、金字塔木乃伊、印加王國黃金面具……不計其數的人類文明結晶，被盜取、搶劫、掠奪及破壞。

　　做出種種惡行劣跡的國家，可以說是因為他們比較「優秀」嗎？當然不是，這只代表在當時的情況下，他們比其他文明強盛或機運更好而已。但近代所謂的「西方文明」，卻完全落入社會達爾文主義之中，造成人類至今無止境的苦痛。

利他與利己的矛盾

社會達爾文主義為帝國主義與殖民主義辯護，支持自由放任式的資本主義及政治保守主義，以優生學、階級分層、種族主義等，「淘汰」所謂劣等低階人口，倡言「自然的」不平等，認為政府從事社會福利與保障，根本違反自然法則。

然而，實際從歷史中觀察，人類社會的演化還有另一條完全不同的路，也就是展現如憐憫、道德情感及利他的情懷。人類經常高度分工團結，像是發生災難時，血緣、文化不同的「人類」相互伸出援手，提供大量人力、物資來救助苦難者；不論哪個國家，都會有濟貧的感人事蹟，甚至擴及其他物種（例如貓與狗）。大量研究顯示，利他行為帶給人們的快樂勝過運動。

因此，人類社會一直處在利他與利己的矛盾中。到底治理國家是左派好還是右派好？要大政府還是小政府？一直以來總是爭論不休。不過可以確定的是，極左極右、極大極小，都是不可能的。也因此，純粹的資本主義社會不可能存在，但也不可能完全「共產」（目前全球民主國家稅收通常占 GDP 的 10 ～ 50%）。

互助與互殘是同時存在人類社會中的現象，啟動何者？為何啟動？這是社會、心理、人類及政治學者的大功課。期盼早日有相關研究出現，讓人類能超脫於其他物種之上。

21

台灣人真幸福？

台灣福利政策便宜又大碗，
稅賦比率卻是先進國家中最低，
幸福程度不排世界第一都說不過去。

　　根據聯合國公布2019年《全球幸福報告》，台灣的幸福程度排名全球第25名，超越日本、新加坡，是亞洲之冠。此事何只可喜可賀，簡直該普天同慶！前朝及在任執政團隊都有功勞，白色力量也盡過一份力量，理應全民一致擁戴，感激到痛哭流涕，甚至立祠膜拜才對。

　　但實情是，不論民、國兩黨何者執政，媒體罵聲不絕，甚至成為「討厭的最大黨」，民眾認同度不到10%，滿意度是20 ～ 30%。顯然，台灣人真是不知好歹，天天製造假消息自損，可惡至極。

福利政策大撒幣

　　台灣人怎能不幸福？有全世界最便宜又大碗的健保、比精算費率低很多的勞保費；老人福利更多，各縣市競相免交健保費、公車免費，捷運、高鐵半價，老農年金每四年調高一次；台灣也是全球除了產油國以外，汽油、電、水最便宜的國家；到處蓋蚊子館，政客、民代、地方角頭都撈到飽；應該由民眾負擔的，都是政府出錢，但稅賦占GDP比率卻是先進國家中最低，不到日、韓、美的1/2，只有北歐國家的1/3～1/4；營利所得稅從24%降到17%，不斷延長獎勵投資條例，不少利潤超過百億的大財團，實際營利所得稅率只有個位數。

　　此外，當今總統又高調保證要在2025年廢核，而且不缺電、不漲價，也不用肺發電；年輕人也很幸福，不婚、不育，反正老了有長照2.0，省得辛苦育兒；更爽的是，民、國兩黨共同倡議將兵役改為募兵制，反正屆時有行政院長用掃把捍衛台灣到底，還有美軍會保衛台灣，死老美不死自己人，你說爽不爽？瑞士、新加坡沒外患仍採徵兵制，真是笨死了。

　　可以列的事情還很多：炒房、炒農地、炒工業區土地，讓田僑仔發大財開超跑、載美眉，再喝兩口酒去撞牆，千萬名車成了廢鐵，完全不皺眉頭，不也快哉？每縣市都有一所國立大學，縣市長、立委甚至要求各縣市要設一家台大醫院。

天底下哪有這麼爽的國家？聯合國顯然評錯了，台灣不排世界第一都說不過去。

不能永續的福利沒意義

但試問上述哪一項可以永續？勞、健保再過五、六年，不出十年就要倒了，現在50歲以下交勞健保費者，退休時再也享受不到今日水準的勞健保。每縣市一所國立大學，資源稀釋，將使台大每況愈下，排名直直落。幸好各縣市一家台大醫院的要求被擋住了，否則台大醫院也不是台大醫院了。

看看前24名，社會福利都不亞於（甚至高於）台灣，卻是高稅賦、高結婚率，平均生育近2個孩子，大家出錢出力建立廉能政府，以制度相互扶持，而不只是求「爽」。

目前台灣是世上最不婚、不生、不養、不活的國家，人口每隔一代減半，年輕人沒有前景，如果再不做出改變，制定合理與永續的社會福利與政策，未來將會快速走向敗亡。

22

台灣社福制度的困境

台灣的稅收只占GDP的13%，
是所有已開發國家中最低的。
政府掌握的資源太少，只好「隨人顧性命」。

台灣稅制不足以支持社會福利

有人說「台灣人拔一毛以利天下而不為」，這真是
胡說八道！台灣人愛心無遠弗屆，不要說國內的921大地
震、高雄氣爆、花蓮地震五大樓倒塌、台南維冠大樓倒
塌，就連南亞海嘯、四川汶川大地震、日本311海嘯，每
個災難事件，無論國內國外，台灣人無不慷慨解囊，甚至
感動日本人民，怎會不願有利天下？

因為，台灣人民在愛心破表的另一面，卻最不願意以

集體力量建立福利社會國家。

台灣虐兒事件每年兩萬多件，每週虐死2.4人，有超過兩萬名的特殊處境青少年。那社工人員呢？至少缺3,000人，每名社工常一天工作近十小時。許多消防分隊每時段只有五名消防員、兩名救護車駕駛員，事故現場人員不足，要開救護車，就只能把消防車丟在現場。台灣每1,700人有一位消防員（月操480小時），香港是每700人，芝加哥及紐約則是每500人。而香港每萬人口的食安人員是台灣的三倍。

2012年教育部國教署統計，2002～2011年，國中小代課老師共95,167人，但到處都是流浪教師，前行政院長賴清德還大言不慚要全面辦理雙語教學。台灣每名大學生分配到的教育經費，比不上美國也就罷了，還遠低於日、韓、香港及新加坡。雖說貴不一定比較好，但便宜一定沒好貨。

台灣不婚、不生，就是因為年輕人養不起小孩，所以當然要提高對家庭的補助及辦理公托，但是錢從哪裡來？台灣的稅收只占GDP的13%，是所有已開發國家中最低的，就因為稅收占GDP太低，政府掌握的資源太少，所以只好「隨人顧性命」，或是靠善心人士的慷慨。

人民不願付出，國家終將崩壞

我曾倡議，就業且有一定所得的單身人士要交單身稅

（北歐國家單身稅較重），也被罵到臭頭。但家庭養小孩負擔有多重？將來是由他們養的小孩交稅、交健保費及提供長照。除非單身者簽切結書，以後病了、老了、失業了，不接受社會的照顧，否則年輕時多交點稅，有何不對？

更可笑的是，改說「多照顧家庭」，大家就表示贊同，不罵了。但社會需要的整體資源相同，多照顧家庭，減輕他們的負擔（如補助托兒及生育），相對來說單身者負擔就加重了，跟單身多交稅不是一樣嗎？

最扯的是，每次談經濟發展，資本家一定倡議減稅。高稅賦國家減稅或可促進投資、增加民眾消費，但台灣總體而言，哪有資格再減稅？進步國家是以稅收建立互助社會，台灣因稅制嚴重不公，政府浪費、貪汙、到處蓋蚊子館，民眾不信任政府，「被交稅」實在是「衰小」，所以不願意出錢。

不出錢，出力總可以吧？我也曾表示大家都可以活到80歲了，男性至今至少貢獻一年服兵役或社會役，女性也應貢獻一年，經培訓後協助照顧小孩及老人，結果被女性網友罵到臭頭，說是性別歧視。多數國家當兵以男性為主，幼兒園及托兒所以女性為主，這是性別分工，怎麼叫歧視？男性服了那麼多年兵役，怎麼沒人說是歧視？

台灣人不想出錢交稅，也不想出力服務，盼望人人為我，卻不想我為人人、有利天下。台灣每一代人口減少一半，有能力的人紛紛跳船，幾代後若成鬼島，政府施政無能要負最大責任。

23

信任：台灣幸福之鑰

台灣雖相當安全，卻很難信任別人，
接到陌生電話，第一個想法就是詐騙集團；
購買食品都心懷疑慮，不確定到底安不安全。

　　台灣雖發生過多起隨機殺人事件、八仙塵爆等人為慘
劇，但相較於內戰不止、恐怖攻擊、槍擊事件無日無之的
眾多國家，仍被列為世上第二安全的國家。在台灣，多數
地方不論日間午夜，男女老少都可安全行走遊蕩，是個不
夜島；捷運、高鐵上眾人滑手機或閉目養神，呈現一片平
和之氣。

　　然而，台灣卻不是個幸福的國家。

北歐國家最幸福的關鍵

2016年，聯合國所支持的「永續發展方案網絡」（Sustainable Development Solution Network，簡稱SDSN）評定，台灣的幸福度為第35名，第1～5名分別為丹麥、瑞士、冰島、挪威、芬蘭。亞洲國家中新加坡為第22名、泰國為第33名，均排在台灣之前。SDSN使用的是多項綜合指標，包括平均餘命、國民所得、教育、健康、兩性平權、環境生態、政府稅收占GDP比率、政府服務、政府透明度及民眾信任度等。

前五名全都是北歐國家，四個是斯堪地納維亞國家，他們除了在上述各種指標均遙遙領先外，更重要的是世上政府透明度最高的國家，幾乎從沒有貪汙事件，因此民眾可以完全信任政府，大家願意將大部分的收入交給政府統一分配處理，照顧全體國民從出生到死亡，無論嬰幼兒撫育還是老年人長期照護，大家一同承擔。

我曾有機會到丹麥開會，於是請教當地人士，為何樂意交如此高的稅賦（將近所得的一半），他們的回答是：「為什麼不？」「難道要眼睜睜看某些同胞流離失所、飢寒交迫？」我再問他們福利這麼好，幹嘛這麼認真工作，不論餐廳、公車、機場的服務，都快速又有禮，他們的回答更有趣：「不工作要幹嘛？」「工作才能快樂。」

這些國家因為政府高度透明，大家有很高的信任感，少有詐欺事件，大家都覺得很安全，因此相對也就很健

康，這是有根據的。國際多項研究顯示，如果覺得鄰居有機會也不會占你便宜，以及若有困難，鄰居大多會幫你，這樣的社區死亡率比較低，平均壽命也較長。

台灣社會的信任危機

反觀台灣雖相當安全，卻很難信任別人，接到陌生電話，第一個想法就是詐騙集團，因此發生過幾次真正中獎的人對通知者嗆聲的事件；不少民眾購買食品都心懷疑慮，不確定到底安不安全，是真貨還是假貨？花生油沒花生、辣椒油沒辣椒、橄欖油沒橄欖也就罷了，可餿水油、農藥蔬菜、抗生素雞鴨、死豬肉可就噁心得食不下咽了。食不安心，GMP完全破功，何況不是GMP的食品？

一個國家如果黑道橫行，一定是政府貪汙腐化；如果詐騙集團多，一定是白道說謊臉不紅氣不喘。選前內閣制，選後總統制；不選市長、不選總統說了幾百次，到時都不算數；選前不當黨主席，選後黨政一把抓。藍也如此，綠也如此，老百姓見怪不怪，其怪自敗，只要會騙，無往不利，誰叫民眾好騙！

更有甚者，政府、財團、立委，無良勞工領袖及財大氣粗的雇主，聯合將勞保費率壓低，表面上讓勞工少交幾十元勞保費，但政府該負擔的10%、雇主要付的60%卻逃脫了，財團因而累積龐大財富。未來不過十年，勞保不是破產，就是交得多、領得少，類似的例子不勝枚舉。

為今之計，只有政治人物帶頭，提高政府、企業及民眾相互間的信任度，台灣才能擺脫隨人顧性命的無奈，成為一個幸福的國度。

24

勞保費率
高一點好，低一點好？

勞保費率愈高，勞工未來獲得的給付就愈高，
而其中只有20%是自己付的，對勞工大大有利。
一旦壓低費率，吃虧的其實是勞工。

一個問了三十多年的問題

我從1988年受命參與全民健保第一期規劃開始，三十
多年來在公開講話中只要有機會，就會問聽眾一個問題：
「勞保費率應該高一點好，還是低一點好？」不管台下坐
的是大學生、碩博士生，還是一般社會大眾，幾乎都會立
即回答：「低一點好。」

在直觀感性上，低一些，繳的錢就少一點，當然好；
但若深度理性思考，答案則完全相反。

以最大宗的第一類被保險人（受雇者）而言，早些年勞保費的分攤比例，是投保單位（雇主）繳70％，被保險人30％；目前是投保單位70%、被保險人20%、政府10%。根據「勞保條例」，全部的勞保費收入只有一項用途，就是勞保給付（勞保局的一切行政費用，全由政府另外編列預算），因此勞保費率愈高，勞保費收入愈高，勞工未來獲得的給付就愈高，而其中只有20%是自己付的，對勞工大大有利。

換句話說，一旦壓低費率，吃虧的其實是勞工。一方面，未來領的給付變少；另一方面，二十多年前，在執政黨的勞工「利委」一直壓低費率的努力下，勞保費率已低於精算費率，造成入不敷出，勞保潛在債務約10兆，比軍公教不知多了多少倍。

未來勞保只有兩條路：一是破產，二是勞工繳得多，領得晚又領得少。至於最高興的獲益者，當然是資本家，因為他們逃脫了社會責任，可以合法省下大量成本，把債務留給社會，特別是龐大的受薪階級。

從口袋少掏錢，是感性的、一時的，但經過引導，學生或聽眾理性思辨之後，結論就完全相反了。

停止民粹，台灣才有未來

台灣嚴重缺少理性思辨教育，因此絕大多數民眾只在意當下和小確幸，完全忽略長久的國家發展。例如老人免

交健保費、公車免費、捷運半價、高速公路每日20公里及東西向免費等，全是民粹產物，不公不義也不可長久。

台灣再過幾年就是超高齡社會，多個縣市老人免健保費，用錢的人多、付錢的人少，如何撐得下去？此外，這也會排擠其他支出，例如教育、幫助家庭養兒及長照、經濟建設等；公車老人免費，那全票要漲多少錢才能不倒？高鐵、台鐵呢？高速公路20公里免費，那就是由長途運輸補貼短程；東西向免費，就有利在農地蓋豪華農舍的有錢人（東西向的鄉鎮普遍較窮，應直接給予較多建設，而不是免高速公路費）。

日本人口老化程度比台灣更嚴重，哪有老人搭車免費或高鐵半價等小確幸？西歐、北歐也少有，他們照顧老人的方法，就是好好把退休及年金制度辦好。話雖這麼說，台灣哪個政黨或政治人物膽敢改變這些小確幸？不加碼就不錯了。用來騙選票的小確幸耗掉大部分的社會資源，台灣就繼續不婚、不育、不養、不活、世代不公，年輕人沒有前景的沉淪下去。

無近憂必有遠慮，只活在當下，必定沒有未來。如何導引國人理性思考，從感性的民粹進化到理性的民主，是不管哪一黨執政的最大挑戰。

25

超前關懷
不是只有萊豬及疫苗

衛福部長最主要的工作是關切三件事：
民眾的健康、生命及福祉。
以此標準來看，陳時中顯然不及格。

　　台灣在蔡英文第一任總統任期內，社會崩解現象更甚於馬英九時期（詳見本人所著《台灣大崩壞》），不婚、不育每年創新高，20～24歲女性已婚比率降到4％，25～29歲僅18％，是世界第一低；生育率亦是如此。虐兒、虐老每年超過萬件（黑數不知若干倍），特殊處遇孩童很難找到寄養家庭，照顧者無法獲得支持，最後殺害自己照顧的親人，令人悲痛不已。

　　不婚、不育導致愈來愈多人只有第一家庭（原生家庭），有第二家庭者（夫妻及子女）逐漸成為稀有物種。

民間為自救而推動第三家庭，由無血緣及姻親關係的好友組成互助團體，但因缺乏相關法規支持，經常難以發揮真正家庭的功能。另外亦有團體推動時間銀行，以互助養老及關懷。

新冠疫情加劇社會問題

新冠疫情更加重了社會崩解。由於失業、無薪假、低薪，大學或高中教師、旅行社、旅館、餐廳等行業員工，一覺醒來雇主就消失了，以致有挫折、貶抑、無助、缺乏尊嚴等感覺，憂鬱、失眠成為最普遍的現象，也成為健保用藥的榜首。因此，犯罪、家暴、偷盜、自殘必然升高，例如家暴虐兒以往一年約一萬件，但2020年1～11月就已達數倍；青少年自殺身亡至11月中旬已達78人（還不包括企圖自殺及自殺未遂者），台大五天內3人自盡，更是震驚全國。軍人自殺者至少28人，警消也有多人，其家人、親友情何以堪？

2020年是台灣自殺人數最高的一年，表示更多民眾絕望，或是以此做為「最後的攻擊或抗爭」，例如媳婦被虐，以死讓他人責備婆婆；民眾在中天電視台前自焚，表達對中天遭不公不義關台的抗爭。

經濟方面，蔡政府大內宣說疫情下多數國家經濟負成長，而台灣是正成長，看似一片榮景，卻顯示她連大一經濟學都不及格。金錢的邊際效用遞減，像股神巴菲特之類

的有錢人，增加或減少百萬美元，恐怕完全無感；但對每日不過能賺百來元的資源回收老人，一萬元就能帶來無比幸福。因此，若貧富差距擴大，就算總體財富增加，帶給社會的全體福祉也反而減少。

新冠疫情讓全球許多國家富者更富，貧者更貧，像川普就以此騙得不少支持。這幾年台灣貧富差距來到新高，依照金融研訓院2020年所做「台灣金融生活調查」，47%的家庭年收入低於80萬，19.5%無法在一週內籌得十萬元，15.5%生活支應困難，30%民眾幾乎沒有儲蓄，一旦遇到風險，例如失業、疾病、無薪假、離婚等緊急需求，完全無法因應。然而，另外三成民眾則有適當儲蓄，所以財富兩極化，是台灣史上貧富差距最高的一年。

社會支持系統崩解

台灣近年悲劇連連，一名單親媽媽將六歲與八歲的女兒掐死後自殺未遂，結果被判死刑。請問一位母親獨力撫養兩位女兒好幾年，要花費多少心血？社會支持何在？

有位檢察官對於偷嬰兒奶粉的母親，連續五次給予不起訴處分，表面上這檢察官富有同情心，但仍要嚴厲譴責他，因為明知嬰兒在家等待奶粉，為何不自掏腰包買奶粉給他？難道檢察官的薪水差到這種程度？更可惡的是，為何不代為聯絡社工或社會支持體系，幫助那位母親度過難關？這是什麼社會？我個人認為，只要有一個嬰兒沒有奶

粉吃，這政府就應該下台。

　　衛福部長最主要的工作是關切三件事：民眾的健康、生命及福祉。以此標準來看，陳時中顯然不及格。控制疫情的確辛苦，但台灣2020年能防疫成功，最主要是民眾肯戴口罩、勤洗手，而這是從SARS以來就養成的好習慣；但台商返國及小明回台事件，完全就是政治掛帥。衛福部網站上大幅宣導《聯合國兒童權利公約》，蔡總統還宣稱台灣全力落實，但小明們的母親含淚跪求，各界罵到臭頭，仍超過半年後才放行。面對虐兒、家暴、自殺達到新高，社會支持系統崩解，卻仍毫無作為，令人不齒。

　　至於蔡總統的「最會溝通的政府」、「謙卑、謙卑、再謙卑」、「沒人需要為他的認同而道歉」，更是滿嘴屁話。蘇院長根本不用提了，毫無懸念「榮登」中華民國最爛的行政院長。

　　1450們及製作哏圖的朋友們，哪一天午夜夢迴懺悔了，生命誠可貴，千萬不要自殺，請努力讓民眾相互關懷、支持，並且監督無良政府，共度未來最寒冷的冬天。

26

假如我是年輕人

台灣未來的住房需求將會減少，
而勞保基金再幾年就要破產，
眾人卻一致理盲濫情，能奈何？

有夢最美，但因政客作孽，希望並未相隨，反而痛苦就在眼前。由於平均壽命延長，如今50歲的朋友都還算年輕人；假如我是今日的年輕人，有兩件事絕對不會做。

未來房屋將供過於求

第一件事就是絕對不買房，只要租房就好，千萬別聽房仲「有房斯有財」之類的甜言蜜語，結果因此背上30年的房貸。

台灣是全球有偶率最低的國家，每名婦女平均一生只生0.9個小孩，因此每隔一代，人口將會減少一半，2019年台灣人口幾乎就要負成長，未來對住房的需求將會減少。然而，內政部營建署在2018年公布的台灣空屋數，已達91.6萬戶，民間估計則在150萬戶以上。人少屋多，供過於求，未來房價必定大跌，現在高價買房，分期付款30年，屆時將欲哭無淚。

　　若是不信，可以看看日本，即使是東京、大阪，離蛋黃區僅半小時車程的市郊，房價也大跌。至於「村」（與台灣的「鄉」類同），則進入「鬼城年代」，因為人口太少，只好併村，以維持地方起碼的人口規模與基本的服務，例如保健所、垃圾清理、路燈等。鄉村人口不斷流失，有些地方甚至提供免費房屋，入住者只要維護房舍，每年繳交房地產稅，就對地方大有貢獻。

　　日本年輕一代，只要願意繼承上一代的房地產，特別是在郊區或偏鄉，就是一種孝順。不論在日本或台灣，無人繼承的土地愈來愈多。因此，年輕人等著繼承先人的房屋與土地，使其免於荒廢，也是種孝順，不必覺得不安。

勞保不改，遲早破產

　　假如我是年輕人，另一項絕對不做的事就是交勞保費。因為現在50歲以下青壯年所交的勞保費，就是在支付目前退休者的勞保年金。2020年勞保基金潛在虧損已達10兆以

上，再幾年就要破產了，蔡政府每年編200億補助，不過九牛一毛，純粹是以拖待變，打算把燙手山芋丟給下一任承擔。

勞保為何淪落至此？當然是混蛋政客的傑作。本人在1988～1990年間，負責參與規劃全民健保，數十次向勞工相關團體演講或舉行座談，強調應依精算合理調高費率，就像法國工人為了退休獲得較高保障，所以上街頭爭取調高費率。

但當時的政府（特別是執政的國民黨勞工「利委」）一再壓低費率，還宣稱是為勞工省錢。事實上，當年勞保費用係由勞工負擔30%、雇主70%，無一定雇主的職業工人，由政府負擔60%、勞工40%。壓低費率，只是讓雇主逃脫了他們應負擔的70%，所以目前若干財團在海外都有數千億資產。這些「利委」還大言不慚，說為勞工每月省下幾十元費用；媒體也以此為頭條，說百萬勞工每月可省多少元，真是可笑至極。那些勞工領袖若不是理盲，就是已成為被資本家收買的走狗。

沒有近憂，必有遠慮，光陰似箭，勞保馬上就是退得晚、繳得多、領得少。那麼能夠不交嗎？不好意思，勞保局很快就將您送至法院行政執行處，不是直接由雇主扣繳你的薪資，就是由勞保局從你的銀行帳戶扣繳，甚至凍結；若仍未扣足，則拍賣你的不動產。

惡法亦法，執政者、立法委員、資本家、勞工領袖一致理盲濫情，能奈何？

27

是女不嫁，還是男不娶？

調查資料顯示，
在台灣普遍低薪及房價過高的情況下，
未來不婚、不育的情勢只會更加嚴峻。

「生不如死」的台灣危機

2020年，台灣出生16.5萬人，死亡17.3萬人，人口開始減少，真的是「生不如死」。

根據《世界人口綜述》及美國CIA全球資訊網的資料，台灣是全球227個國家及地區中，生育率最低的國家，2020年總生育率只有0.9。台灣低生育的情形由來已久，2003年總生育率已低到1.3，遠低於替代人口的2.1，比今日的日本還低。

為何不生？主因當然是「不婚」。台灣是華人社會，生育主要發生在婚姻關係中，這和南美或非洲文化（生育與婚姻沒有必然關係）有很大的不同。台灣婦女的有偶率自2007年起直直落——當然男性也是如此。2020年全台結婚數只有121,702對，為十年來新低，而離婚卻高達51,680對，平均2.4對結婚，就有1對離婚。

　　而台灣婦女有偶率，20～24歲區間在1997年尚有19.1％，到了2009只有6％，剩不到1/3；2019年更只有4.3％，屬於「稀有人種」。至於身心狀態最適合生育的25～29歲區間，在1997年是56％，到2009年則減半為29.1％，2019年更減為19.3％。35～39歲區間，則從1997年的82.6％，降到2019年的61.8％。

　　這只是該年各年齡區間的統計資料，並不表示2019年時20～24區間有偶率4.3％的婦女，等到25～29歲有偶率就會達到19.3％，在35～39歲會變61.8％，因為是不同世代的婦女。在有偶率直直落的情況下，2019年20～24歲的婦女，到了25～29歲、30～34歲及35～39歲時，有偶率必然更為低下，更不如她們的姊妹或阿姨。

不婚、不育的情勢將更嚴峻

　　由於調節生育的知識相當普及，相關方法也唾手可得，因此當前青年男女的婚育態度及認知，必然會影響未來的人口發展。可惜當前不論政府或學術單位，均缺

乏此方面的調查研究，因此本人主持的社會調查所，特別在2021年3月底，透過中華電信台閩地區電話號碼，完成共1,068名20～39歲婚育年齡男女電話訪問，信賴水準95％，抽樣誤差最大值為±3.0％，加權則依據內政部社會司在2021年2月公布的民眾性別、年齡、戶籍資料，2020年12月的教育程度等進行修正，以便樣本特徵與群體結構一致。

20～39歲，已婚者男46.9％、女53.1％，其中20～24歲9.9％，25～29歲15.8％，30～34歲40.9％，35～39歲59.1％，與人口統計資料相近。有小孩者77.6％，無小孩22.4％；只有一個小孩53.1％，二個小孩24.4％，有一個小孩而不再生育者高達87.2％；已婚無小孩的女性有72.2％不想生。已婚不想生者，其原因（可複選）是「沒房」（男58.8％、女7.7％）、「育兒費用太高」（男64.7％、女7.7％），可見普遍認為養育子女的財務重責屬於男性。

未婚而有結婚意願者，男性為71.4％，高於女性的69.3％，35歲以下有結婚意願者為69.1％，隨著年齡遞減，35～39歲區間則只剩53.9％。不婚的原因（可複選），男性認為是「沒房」（63.3％）及「收入不夠」（47.7％），明顯高於女性（分別為24.3％及8.7％），而且年紀愈輕，愈在意有房及收入；女性「渴望自由自在」（38.8％）遠高於男性（29.4％）；未婚而婚後無意願生育者，男性是65.1％，多於女性的59.5％，即近六成未婚女

性即使婚後也不願生育。

這些調查資料顯示，已婚者有了一個小孩，多半無再生育的意願，特別是女性；許多未婚者雖有結婚意願，但多半表明即使結婚也不願生育，特別是未婚的女性。已婚者不再生育、未婚者不願結婚、未婚者即使未來結婚也不願生育的主要原因，是男性沒有房屋及足夠的收入。在台灣普遍低薪及房價過高的情況下，未來不婚、不育的情勢只會更加嚴峻。

如何改善少子化與社會風氣？

本人有機會與一些年輕女性交談，問及為何現在年輕人連戀愛都不談？畢竟在莎翁名著《羅密歐與茱麗葉》中，有一句話說：「丘比特控制了青春的我們。（Cupid he rules us all.）」難道荷爾蒙對年輕人沒有任何影響？結果得到的答案是，渣男太多，慣性劈腿，讓女生痛不欲生；女生提出分手，男生常由愛生恨，多暴力情人，故寧可不談戀愛。

據本人分析，之所以有如此現象，仍是我輩之過，因為子女少，女生多有「公主病」，受不了一點委屈；男生多有「王子病」，完全不會做家事，反正萬事都有孝老子與孝老媽扛。

因為以前的少子，更加重目前的少子化，而政府的各項獎勵生育措施完全無效。對此，本人的第一個建議是

學習北歐國家，讓孩童全由國家負責養育。北歐國家稅占GDP的50%以上，父母將小孩養至24歲，只需10%以下的可支配所得；而台灣稅收只占GDP的13%左右，將小孩養大需耗用可支配所得的66%。

另一個建議是男性均要服義務役，在軍中磨練，學會如何互相掩護，養成團隊精神；女性則一律接受培訓，服一年社會役，協助照顧老人、孩童，以及執行長照。這是雙管齊下的做法，可以讓「公主」與「王子」學習與成長，從而明白如何幸福快樂的生活在一起。

生存革命

三、
健康危在旦夕

28

失控的WHO與疫情

如今已是21世紀了，
WHO思維還停留在14世紀，
結果導致嚴重的災害。

　　《世界人權宣言》第25條寫道：「人人有權享受其本
人及家屬，衣、食、住、醫藥及必要的社會服務，患病、
殘廢、衰老有權享受保障。」為此，設立世界衛生組織
（WHO），原本以此為全球性平台，所有國家共同為預防
疾病、增進人類健康而努力。但時至今日，WHO的理想
及目的逐漸淡化，愈來愈成為一個「政治國際組織」。

吃中國嘴軟的WHO

　　二次世界大戰後，全球經濟凋零，美國本土沒有受到戰爭摧殘，因而成為世界超強及工業大國，富甲全球。在美國的安排下，聯合國、聯合國兒童基金會、WHO陸續成立[3]，期望增進世界和平、人類福祉。當然，美國也因此成為世界老大，「控制」全球。

　　因此，WHO成立的前數十年，美國是最主要的贊助國、老大，凡事美國說了算。但近年來，特別是川普上台後，一方面財力不濟，二方面捨不得花錢，結果讓老共成了新財主，2006年推薦香港的陳馮富珍（中國政協第13屆常務委員）擔任總幹事，從2007～2017年連任二屆。

　　至於WHO現任的總幹事譚德塞（Tedros Adhanom Ghebreyesus），根本像是老共的小弟，在衣索比亞擔任衛生部長及外交部長期間，接受了中國大批的援助。吃人嘴軟，所以2020年1月28日，他在北京人民大會堂會見習近平時，大讚習「親自指揮、親自部屬，展現出卓越的領導力」，並稱中國發布的資訊公開透明。

　　直到1月30日，疫情在中國完全失控且波及全球，譚德塞才宣布為全球公共衛生緊急事件，但仍不忘強調，不要因新型冠狀病毒流行而限制旅遊，暗示大家不妨到中國趴趴走。還好各國大多無視這建議，早已不與中國航空來

3　聯合國於1945年10月24日成立；聯合國兒童基金會於1946年12月11日成立；WHO於1947年4月7日成立。

往，否則全球疫情恐怕更加失控。全球連署要譚德塞下台者不知凡幾，但有出錢的老大挺，何懼之有？連署有個屁用。誰叫台灣不在錢淹腳目的年代也買個總幹事做做，真的是「誰理你們」。

過時防疫思維釀悲劇

如今已是21世紀了，WHO還停留在14世紀的古董思維。當年威尼斯海港城邦為避免瘟疫傳入，凡是外來船隻，至多一、兩百人，先在外海下錨停留40天，如有疫情，該病的就發病，該死的就死了，活下來的必然健康或痊癒。泊於日本的鑽石公主號，正是沿襲這樣的思維，結果導致嚴重的災害。

郵輪上總共三千七百多人，其中旅客兩千六百多人、服務人員一千多名，在船上隔離期間，服務人員要至客房送餐、清潔，並無防護設施，哪能不受感染？而且空間有限，服務人員不像旅客可以住單人或雙人房，住處為統艙，又需輪班，必須共用同一床位，哪能不一傳十、十傳百？結果共有712人確診。

其實日本是醫藥衛生大國，資源足夠，若一開始就派員上船一一檢疫，無症狀者上岸隔離兩週，有症狀者送負壓病房治療，絕不至於如此。相比之下，當時台灣就幸運多了，寶瓶星號從基隆出發，未能在沖繩靠岸，在海上繞了幾圈回台，雖有大陸船員，所幸無人感染。萬一有人感

染，又比照鑽石公主號在船上隔離，則後果不敢想像。

　　所以，WHO的意見參考就好，相信自己的專業比較重要。

29

如果疫情大爆發
要先救誰？

生命誠可貴，
但在資源有限時，
就必須有不同的抉擇。

　　2020年5月，我在厚生基金會與台灣公衛學院的老同事金傳春教授，談到當時的新冠肺炎疫情。她說萬一台灣疫情大爆發，因自己將近70歲，所以會簽署意願書，請醫師先救年輕人，醫有餘力才照顧她。

　　我的老天鵝呀！我早就超過70歲，正朝75歲邁進，怎能不跟著簽？

　　雖然我早就依照《安寧緩和條例》，簽署不接受無效急救，既能減少被凌遲的痛苦（只為呼吸心跳多延長幾十分鐘而急救），又能減少醫療資源的耗用，但聽到金教授

此言，卻也難免感到驚悚，期望台灣不致落入美國、中國及歐洲各國的悲慘景況。

資源有限下的抉擇

醫院有所謂檢傷分類，將急診分為復甦急救、危急、緊急、次緊急、非緊急五個等級。第一級需馬上處理，第二級可等10分鐘，第三級可等30分鐘。因此，病患若到醫院已沒有呼吸、心跳，當然是立即搶救；若只是肚子痛，即使因為尿道結石而痛苦不堪，前面還有一、二、三級病人正在處理中，只能等待，頂多先給個止痛藥，甚至改去門診掛號才是上策。

再以2015年6月的八仙塵爆為例，總共有499人受傷，全面動員台灣北部的燙傷病房及人力，最先獲得照顧與搶救的，當然是最高度燙傷者，還有到院時已無呼吸心跳者；至於小範圍燙傷，則需等候或先做初步處理，若醫院能量不足，則予以轉院。

至於戰地醫療的檢傷分類與醫療，則是反其道而行——除非受傷的是高階將領或指揮官。醫療單位若評估能量只能救最輕症的40人，那症狀較重的60人只好任其自生自滅，以此保持最大量可能救治成功的軍事人力。

所有的物種生命中，最強大的基因就是「創造繼起的生命」。例如日本山多田少，資源極為有限，1956年出版的小說《楢山節考》，就是依日本「棄老」民俗寫成，後

來更拍成電影。內容講述信州山村土地貧瘠，糧食不足以供應全部居民需求，祖輩老人到了70歲，按例要在冬日由兒子背到「楢山」中等死，以此節省糧食，讓子孫輩得以延續。時至今日，日本人口高度老化，65歲以上者占28.4%，高齡者達3,588萬，並因此產生許多社會問題。

社會現實往往反映在制度及文學藝術的呈現上，2015年，日本學者藤田孝典出版《下流老人》，點出日本出現大量過著中下層生活老人的危機。除此之外，垣谷美雨於2018年出版小說《七十歲死亡法案，通過》，內容設定日本因人口老化，年金、長照、醫保均將破產無以為繼，因此將通過法案：70歲以上的老人一律安樂死。雖只是寓言，卻離日本當前現實不遠。

醫學倫理受疫情挑戰

新冠肺炎重災國義大利、西班牙甚至英國，高度人口老化與日本類似，醫保、長照及年金導致財政困難。因此有人宣稱，此次疫情「淘汰」不少高齡者，同時緩解不少財政危機。此說法雖是玩笑成分居多，不可能有任何政權會邪惡到故意為之，但其中反映出的現實，卻讓醫學倫理遭到嚴重的挑戰。

此次新冠疫情大爆發，即使原本以醫療水準著稱的國家，也大多措手不及。最重要原因是：臨床醫學水準高超，不等於公共衛生體制完備。病患快速增加，低階產品

如口罩、防護衣、隔離衣、護目鏡、呼吸器供應不足，主要產地中國大陸自顧不暇，醫事人員反而成為高風險受感染者，只好採行重大戰情檢傷分類：搶救有希望治癒的青壯年人口，放棄醫治重大傷病及慢性病的高齡人口。這是疫情之下最無奈的醫學倫理。

然而生命無價，不可以特例為常態。台灣經歷17年前SARS的慘劇，痛定思痛，才能在疫情初爆發時有傑出的防疫表現。從2021年5月疫情爆發後，也一度面臨醫療崩壞的危機與挑戰。期待經此一疫，各國都能重新檢視自己的公衛資源和體制，恢復並能堅守應有的醫學倫理。

30

新冠肺炎肆虐救人類？

經濟活動大幅衰減，排碳量必然大幅降低，
或許可減少地球暖化，
緩和不斷惡化的極端氣候。

　　這標題你沒看錯，我也沒寫錯。既然人類依靠地球生
存，那救地球豈不就是救人類？萬事有一利必有一弊，反
之亦然，新冠病毒肆虐，救了地球也救了人類，這就是世
事的弔詭！

佛系防疫只會擴大疫情

　　只要有傳染病及流行病學的基本知識，配合已知的新
冠病毒資料，就可以大膽的預測，全球沒有幾億人染病、

千萬人死亡，新冠疫情無法獲得有效控制。

首先，此病毒的傳染力甚強，潛伏期長，發病前即可傳染他人，又有無症狀的感染者，因此可以確定傳染力大於H1N1。新冠肺炎在2020年7月下旬突破1,700萬人確診，接近70萬人死亡；當時美國CDC宣稱，新冠肺炎實際染病者，至少是各國報告數字的6～24倍，因此全球新冠肺炎感染者，實際上早就超過一億人。

再者，資料顯示新冠病毒與流感病毒（例如H1N1）的抗原性（即產生對應抗體的能力）同樣不足。流感患者由於抗體產生有限，每年都要接種疫苗；而90%新冠肺炎患者，抗體在病癒的兩個月後已減少70%。WHO祕書長已宣布，新冠肺炎會重複感染，因此就算疫苗研發成功，每隔一段時間（至多一年）就必須再次接種。因此在疫情有效控制之前，數億人染疫、千萬人死亡的預測一點也不為過。

至於疫苗與藥物哪個比較可行？綜觀人類數十年的努力，至今對多種傳染病，例如肺結核、腸病毒、瘧疾、登革熱、愛滋病、MERS等，疫苗研發仍一無所成，但上述疾病大多已有藥物。因此，新冠肺炎疫苗可能不易研發成功，或是發展成功但抗原性不強；藥物發展成功則是較可預期的。

綜合以上發現可知，採取佛系防疫可說是錯誤，以此對抗新冠肺炎的結果，就是大量的患者及死亡，因為凡是抗原性不強、持續期間短、可重複感染的傳染病，絕非

30～40% 感染率就能達成群體免疫。舉例來說,感染性極強的麻疹,要94%以上的感染率才有群體免疫──幸好有研發出有效的疫苗。

恢復生態平衡的契機

不過正如本文一開始所說,有一弊必有一利。義大利、西班牙或英國佛系防疫,導致大量老、病、殘的死亡,留下青壯人口,解決不少年金、長照、健保的財政困境,強化了社會動能。至於性命的犧牲,則屬於社會倫理與社會價值的問題。

為了防疫,國際間只好斷鏈,民航機及郵輪幾乎全部停擺,大幅減少經濟往來。即使富裕國家不斷撒錢,例如歐盟以25兆歐元紓困,美國更是發錢不手軟,但失業率仍不斷升高,相對剝奪感及痛苦指數持續上升,犯罪率、家暴、離婚率攀升。

在人際互動上,除非至親,見面不再擁抱、親臉頰、握手,改以手肘相觸,或是變成用網路、手機、語音交際,人與人之間的互動必然產生永久性的改變。

台灣2020年防疫成功,2021年5月爆發新一波疫情,雖然沒有到全面失控的地步,經濟仍受到不小的影響。至於是否會「忽略」撒錢要由未來青壯年人口用數十年償還,還能產生「相對幸福感」,在自殺、家暴、虐兒、犯罪各方面不會惡化,甚至改善,並且對執政黨的胡作非為

更能容忍，則有待未來證明。

　　由於經濟活動大幅衰減，排碳量必然大幅降低，或許可減少地球暖化，緩和不斷惡化的極端氣候，地球因此得救。地球上所有物種都需依賴其他物種才能存活，人類不過是地球生態的一環，但近一、兩個世紀已打破了整個生態平衡。

　　從1970年到現在，人類消滅超過40%的物種（根據2018年的數據，人類使83%野生哺乳動物和半數植物消失），其中只有少數是自然淘汰的結果，絕大部分是人類破壞環境及排放汙染的結果。

　　如果新冠肺炎造成人類大量死亡，改變經濟活動，不再濫捕、濫食野生動物（如蝙蝠），不也是救了地球，救了人類？

31

疫苗政治學

台灣被藍綠撕裂，
大家都在同溫層裡激盪、取暖，
拒絕嘗試理解另一方。

被藍綠撕裂的台灣

　　蔡總統常把「團結」掛在嘴上，但每次都驚嚇不少
人。本人多次仿照蘇院長「反質詢」立委的招數，反問採
訪我的記者：「台灣是個團結的國家嗎？」結果總得到異
口同聲的回答：「是撕裂的國家。」

　　藍綠惡鬥已到水火不容，偏藍的不看綠的報紙、電
視、廣播；偏綠的則反之。社群媒體也是如此，偏綠的群
組從頭到尾都在罵藍營舔共，只要看到西方國家（特別是

老美）修理老共，無不興奮莫名，當然都是川普迷。

至於藍營，眼見宿敵老共不斷強大，而綠營施政一塌糊塗，明目張膽，錢、權、媒一把抓，什麼NCC、中選會、監察院……哪是什麼獨立或中立機關，黨政軍退出媒體是說給藍營聽的，高階事務官更是非綠不用，有識之士只能嘆氣，認為國民黨太不爭氣。

趙少康想要選國民黨主席及總統，一堆「大老」馬上說三道四，非黑他不可。試問，凡是中華民國45歲以上公民，只要沒有被褫奪公權，為什麼不能參選總統？至於有沒有黨提名或能否連署成功，端看個人本事。一個正大光明的黨，只要是黨員都應該可以競選黨主席，能不能說服黨員支持他，才是唯一的重點。為了誰可參選黨主席，國民黨自己就先吵成一團，真是個分裂的爛黨，還想要奪回政權，罷了！

台灣被藍綠撕裂，大家都在同溫層裡激盪、取暖，拒絕嘗試理解另一方。在立法院就不用說了，親子之間、夫妻之間、師生之間、同事之間，無不如此。若非事先已知道對方的取向，多半盡量避談政治──甚至包括到底該買鳳梨還是香蕉。

當政治凌駕於生存之上

最有趣的是打不打疫苗的問題。2009年H1N1大流行，國光疫苗經過專家小組嚴審通過，全部委員皆於陳水

扁任內聘任，本人時任衛生署長，並未置換一人，蓋因這些委員確實都是全國頂尖疫苗及防疫專家。然而，當時綠營立委強迫要求進口外國諾華疫苗，因此發生民眾要求選擇疫苗──綠營選擇進口疫苗，藍營選擇國光疫苗──的可笑事件。更有鄭姓名嘴，完全沒有醫藥專業，每天在節目上詆毀國產疫苗。施打疫苗必然會有不良事件，均由疫苗接種受害救濟審議小組獨立審查，以判別是由疫苗引起，或只是時序關係而與疫苗接種無關。事後證明，2009～2010年，台灣在針對H1N1流感的控制上，名列全球之首。

自2020年初開始，全球爆發新冠肺炎疫情，AZ疫苗雖然是台灣在2021年3月唯一可用的疫苗，但因不良事件頻傳，曾被約20個國家緩打，因此嚴謹的民意調查發現，只有1/4民眾願意施打，多數民眾在WHO確定其安全性下，仍抱持觀望態度，這是可以預期的。

但再分析藍綠，則反應更為對立。因係綠營主政，偏綠者33.1％願意接種，偏藍者只有19.8％；若是進口AZ以外的疫苗，例如BNT、莫德納等，則泛藍願施打者高達50.9％，是泛綠24.3％的兩倍以上。

至於在中國疫苗被證明安全、有效的前提下，是否應該引進，藍綠的差別更大：泛藍66.1％認為應該引進，24.2％認為是中共政治操作；泛綠完全相反，只有17.6％認為應該引進，71.9％認為是中共統戰。

至於政府官員率先施打，是否會提高施打意願？藍

綠支持者均認為可提高20～40％，蔡總統及陳時中部長相近，而蘇院長則少蔡、陳5％以上，具有統計學上的意義，這或許與蘇的酷吏形象有關。

　　另外有趣的是，美、英、歐等國家大肆採購疫苗，但對WHO的COVAX一劑不拔；而老共及俄羅斯卻大量援助及出口開發中國家，藉著疫情擴大自己在全球影響力。顯然疫苗是個高度政治性的議題，疫情過後，相信必有有志之士出版「疫苗政治學」。

32

上窮碧落下黃泉的健康照護

醫藥對人類健康的影響只占10～15%，
遺傳的比例也差不多，
有70%以上是「社會決定因素」。

醫學進步不等於健康

現代醫學突飛猛進，新科技及藥物不斷的創新與研發，例如抗排斥藥物及基因配對，使得器官移植成功率大為提升；達文西手臂的微創手術、遠距醫療及AI技術，甚至可以越洋開刀，精準、完整切除病灶而不傷及正常組織；醫師不再只是檢視整個系統、器官、組織，而是審視細胞內某個染色體的某段基因，甚至是基因內的某幾個分子；基因檢測甚至修補，可以客製精準醫療，同樣是乳

癌患者，能夠依形態決定要全切除或局部摘除，或是給予不同的藥物；免疫療法可透過各種方式來增強、活化患者的免疫系統，進而殺死癌細胞；在影像醫學方面，X光是一百多年前的老科技了，CT、MRI、PET將人體層層穿透，呈現在醫師面前；新藥物能有效治癒以往的絕症，例如C肝的新藥，幾乎可以100%治癒患者。

台灣對新藥、新科技的引進不遺餘力，醫療科技水準被認為是全球第三、亞洲第一，但若比較最重要的健康指標「平均餘命」，在40個先進國家中，台灣只落在第26名；如果進一步比較「健康的平均餘命」，台灣名次更是在後段班。國家衛生研究院的研究顯示，雖然台灣人的平均餘命延長了，但失能的平均餘命也擴張了，原因在於只重視微觀的疾病醫學，忽略了宏觀的健康照護。病友們一再強調、爭取最先進的醫療以延長壽命，但社會整體忽略了如何讓人不陷入患病及衰弱的狀態。

影響健康與幸福的關鍵因素

多項研究均顯示，醫藥因素對人類健康的影響只占10～15％，遺傳的比例也差不多，有70％以上是「社會決定因素」（Social Determinants）。哈佛大學一項對哈佛學生及同齡波士頓青年的長期追蹤研究，持續了70年，期間歷經四位主持人，發現影響健康與幸福最重要的因素是「家庭及社會人際互動」。

另有多項研究均顯示，生活於「相互扶持多的社區」和「有機會就要占便宜的社區」的人們，在健康上有很大的差距。進一步探討發現，兩地居民腎上腺素分泌的程度不同：不安全社區的民眾較常處於高度緊張狀態，三高、癌症、精神疾病及暴力死亡明顯較多，至於社區的飲水、排水、空氣、噪音，均會影響民眾健康。因此WHO一再倡議政治人物需負責建立健康都市。

　　更有趣的是，一項針對中老年人的研究發現，在控制其他生理因素後，預測存活年數的最佳預測因子，居然是「自認還可以活多久」，因為這會影響他的生活型態，例如運動、均衡飲食、解除不良生活習慣、經常研究如何健康長壽等。

　　健康不僅是個人責任，更是社會責任。如果你生活在川普治理下的美國，罹患新冠肺炎及死亡的機率，就遠大於參加一戰、二戰及越戰；生在敘利亞和伊拉克的人，或是處於抗日戰爭、國共戰爭、文革年代的人們，罹患疾病及死亡的機率，不知比1950年後生活在台灣的人高出多少。更高層次如地球暖化、海洋汙染、物種加速滅絕，更是廣泛影響全人類的健康。

　　健康長壽，絕對不只是醫學發展或某項治療技術的突破而已。

33

台灣從未實施「全民健保」

全民健保只提供醫療費用補助，
從未提供健康促進與預防，
根本是「虛有其名」。

「健康長壽」是人類的共同願望。為此，即使是初民社會，也均有一套養生保健的信念及醫療系統，使群體得以延續。時至現代社會，則嘗試建立完整的健康保障制度，觀念也從消極的保障疾病治療，轉向積極的增進整體健康。

1883年，德國首相俾斯麥創立了「疾病保險」，由疾病基金（sickness fund）為保險人，避免人民因貧困而不能就醫，開啟社會保險的先河。此後多國做效而稱之為「醫療保險」。1978年，各國在阿拉木圖發表共同宣

言，政府及全體社會必須採取共同行動，保護和促進全體人類健康，之後的相關制度，大多稱為「全民健康保險」（National Health Insurance）或「全民健康照護」（National Health Services），我們可以發現名稱從疾病、醫療至健康，觀念層次有很大的提升。

只有「醫保」，沒有「健保」

由此觀之，台灣自1995年起實施的「全民健保」，根本是「虛有其名」，因為台灣的全民健保只提供醫療費用補助，從未提供健康促進與預防。預防保健的工作由國民健康署擔當，2019年度總預算卻只有18億；傳染病防治則由疾病管制署負責，年度預算58億，加起來76億，其中人事及行政費用恐怕占1/3以上。而「全民健保」不含行政人事費用，僅只醫療就超過7,000億，預防保健不及醫療支出的1%。

所以我們可以肯定的說，台灣至今只有「全民醫保」，從未實施「全民健保」。由於只有「醫保」而沒有「健保」，國人平均餘命雖然一再延長至80.6歲，但不健康的平均餘命卻擴張至8.4年[4]。進步國家在健康照護下，使不健康的餘命受到壓縮，而台灣卻在擴張，可說是實行全民健保最大的失誤。

4　即躺在床上失能的歲月，此資料為衛福部於 2020 年 6 月 29 日公布。

1988年上半年，經建會負責全民健保行政工作的蔡勳雄處長，親臨本人在台大公共衛生研究所的研究室，請我擔任國內研究小組召集人，召集國內人才，組成全民健保規劃小組。當時我提出了三個條件，第一個就是將預防保健納入健保給付之一，他也當場同意。

1993年我受立法院厚生會委託，主持草擬《國民健康保險法草案》，亦將預防保健納入保險給付；但全民健保法立法時並未納入。

二代健保修法時，本人再次強烈主張納入預防保健，但付費者代表認為要多付費，醫療提供者認為病患會減少，均強烈反對，只有同為公衛人的涂醒哲立委強力支持，結果功敗垂成。

組織環境與社會的保健網絡

近代醫學的發展可說是「上窮碧落下黃泉」，小可以從DNA中的一段發展出精準醫療。但另一方面，卻體認到「大健康」才是根本之道，例如臭氧層破洞、地球暖化、物種大量滅絕等，這些對人類健康造成的重大威脅，均大於心臟病、癌症及三高。再如發現社會心理健康的重要性，良好社會互動對健康有絕對的影響。眾多研究也顯示，社區安全與良好的政府組織，是全體民眾健康的決定性因素。

由於健康科技不斷進步，今日之是可能成為昨日之

非，反之亦然。盼政府與民眾皆能與時俱進，從最新的研究中獲得真正促進健康的方法，否則等到生病了才尋求醫療，實乃下策。

34

稅制不公有害健康

近年來台灣政府窮、百姓窮、富人益富，
追根究底，可以發現問題起於稅制不公。
對全民健康造成了巨大威脅。

　　台灣的稅收，即政府每年可掌握的資源，只占GDP的
13％，遠低於日本、韓國，更不要談英、法、德的30％以
上，或是北歐四國的50％以上。若與蔣經國時期的20～
24％相比，目前政府少了1兆以上的稅收。

盲目減稅，只會惡化所得分配

　　更嚴重的是，已然不多的稅收有75％來自於受薪階級
（勞動者）的所得稅；台灣富人投資所得，如炒房、炒股

的數兆獲利，卻幾乎不用交稅。有位帝寶屋主兩年內買賣豪宅，賺了8,200萬，只繳稅305萬，實質稅率3.71%；23家獲利百億以上的大企業，15家實質稅率在10%以下，平均只有9.1%，遠低於已偏低的營利事業所得稅17%[5]。

另一個問題是，近年政府及財經專家多倡言減稅，包括遺贈稅及營利事業所得稅，認為降稅會促進資本家投資及創造就業機會，使普羅大眾因此獲益。然而，台灣過去十年平均經濟成長率約3%，薪資卻倒退16年；在勞動者薪資倒退的同時，房地產卻不跌反漲，一般人更買不起房子，增加社會不公與痛苦。

由此可見，經濟成長的果實均歸大戶及財團，資本家因減稅而獲得的鉅額利益，並未「自動」流向受薪階層，而是全投入房市與股市炒作，獲取更多不當利益。富者益富、貧者益貧的惡性循環就此形成。

多年來，政府的財經政策是貶抑勞動價值（受雇者均屬勞動階級），偏袒資本家。但以上事實早就證明，減稅以促進經濟發展的新自由主義想法，若無特殊配套及環境，只會更加惡化所得分配。

稅制不公，社會必然不義；貪腐盛行，蚊子館到處蓋，民眾更不樂意繳稅；稅制不改，台灣的政、商、民代更明目張膽相互勾結，欺壓勞動者。這些「新自由主義者」常倡言，所得重分配會導致民眾懶惰，以及財富重分

5　資料引用自《天下》雜誌506期及523期。

配需要政府介入，即交易成本（transaction cost）會導致沒效率，所以一切均要民營化。

然而，國營的中鋼公司在趙耀東領導下，建立了良好的制度及公司文化，一直是最有競爭力的鋼鐵公司；台灣公辦的全民健保，雖然遭受醫界及病患的雙重苛責，但行政成本不到2％，世界最低，比起美國民營健保公司的20％更不在話下，首任總經理葉金川及續任者建立的健保局文化，功不可沒。

資源與所得不均，不利國民健康

北歐四國在生產上採行自由市場，但分配採社會主義，因為政府施政透明、廉潔、公部門龐大（丹麥38％勞動力受雇於政府），照顧弱勢者及家庭，相較於高度資本主義國家，反而經濟成長良好、失業率低、民眾健康幸福，更是最好的反例。

宏觀來說，稅制不公，稅收占GDP比率低，政府就沒有足夠的經費從事醫療保健工作、照顧弱勢與家庭。台灣每10萬人口的食品衛生人員只有美國的1/10，香港的1/13，就算日夜加班，食品業者每7.5年才會被稽查一次。

沒經費普遍辦理長期照護，結果因無力照顧病弱家人而發生人倫悲劇，如老先生釘死老太太、癌末哥哥打死肢障弟弟、老翁推妻入水池淹死等。國內老人自殺率逐年升高，弱勢單親媽媽到大賣場偷嬰兒奶粉已不是新聞。

有人說低成本、高效益的公共衛生預算，占醫療保健費用偏低，不及3％，是否應增加比率？當然應該增加，但台灣醫療健保的整體費用已經偏低，「生吃都不夠，還想要曬成乾」，只能期待增加公共衛生預算，但因政府窮，各部會包括公共衛生預算都在減少中。

　　微觀來說，稅制不公又如何影響健康？WHO的報告一再顯示，低收入及所得不均影響健康甚鉅，是最重要的健康社會決定因素（social determinants of health）。所得不均造成廣大的低所得者及低社會階層，除了營養、居住、環境、教育均處於劣勢外，通常也處於工作環境惡劣、超時工作、職業傷害頻繁的血汗機構；另一方面也較易有不健康的行為，如缺乏運動、肥胖、物質濫用（菸、酒、檳榔、藥物），這些都不利於國民健康。

　　所以，稅制不公有害國民健康；換言之，增進全民健康，須自公平稅制始。

35

該不該進口日本核食？

日本食品第一出口國是台灣及香港，
台人吃得多，當然要有「我們的考量」，
訂定出完善的辦法。

輻災食品輸台的三層考量

2016年，日本強勢要求台灣進口輻災地區食品，日本
交流協會會長大橋光夫說，台灣若干言論無憑無據，指稱
日本輻災地區食品有害健康，大大傷害日本國民，特別是
福島地區人民，因而要求解禁。

先不論台灣是對福島核災捐助最多的國家，大橋光夫
以外交人員身分對台灣內政說三道四，已是失禮至極，歷
史上只有日本人傷害台灣人，還找不到台灣人傷害日本人

的事例（抗暴除外）。林全前行政院長說輻災食品「我們有我們的考量」，才是正確的語言。

日本輻災地區食品輸台是否安全，有三層考量。

首先，直至2016年月11月23日，日本才對核電廠四周完成凍土牆，之前有五年多的時間，輻射水不斷流入鄰近海洋，魚會游、船會跑，因此首先應全面禁止日本海產品入台。

其次，海產之外的其他食品呢？雖有20個國家在核輻檢測後可以輸入，但這些國家地區的民眾除日僑外，甚少進口及食用日本食品。日本食品第一出口國是台灣及香港，台人吃得多，當然要有「我們的考量」，何況我們的核輻檢測能力在哪裡？網購食品又如何管理？都還沒完善的辦法。

最後是政治層面的問題。說到日本的輻射食品，一定要談談美牛與萊豬，因為食安要有共同的標準。

食安及外交不該雙重標準

2010年，當時在野黨認為美國曾發生牛隻的狂牛症，不許進一步開放美國帶骨牛排進入台灣，更不用說內臟、碎絞肉、神經組織等。美國有三億多人，美牛不知吃了多少年，雖曾有狂牛，但從無人感染「狂牛症」，且世界動物健康組織（OIE）認定，狂牛症在美國已受到管控，國家衛生研究院也評估台灣狂牛症的風險微乎其微，但綠營

一再追殺，結果是美國人吃老牛及內臟、絞肉，而台灣只准30月齡以下嫩牛的帶骨牛排進入台灣。

2011年元月，原委由商品檢驗局從事的食品檢驗工作，收回由新成立的衛生署食品藥物管理局檢驗。由於先前扁政府同意美方驗豬不驗牛，這項私下承諾沒有移交，所以食藥局一開張就驗出美牛含有瘦肉精，馬上報告院長及總統。因為當時我國標準不可有瘦肉精，所以立即將這批美牛退運。

雖然美方一再施壓，但台灣堅守立場，最後訂出三管五卡，由各界組成的專家團赴美實地視察，嚴管美牛瘦肉精，直到WHO的國際食品法典委員會（Codex）訂出瘦肉精標準。但綠營仍不斷以美牛為議題抗爭，甚至霸占立法院主席台五天四夜，公開宣稱美牛為毒牛。

進不進口是台灣的內政，美國政府再不滿意仍謹守分際，只在WTO下談判施壓，從未口出惡言，說台灣人不理性或傷害美國人民等話語。

民進黨辱美牛為毒牛，但至今美國仍是全球唯一出口防衛性武器給台灣的國家，且一再力挺台灣加入WTO、國際氣象、國際民航等組織。民進黨髮夾彎，今日之我否定昨日之我，竟然不顧全民反對，宣布進口含萊劑的美豬，是標準的雙標黨。

回過頭來看日本，從未在國際上支持台灣，既不肯說太平島是島，也不容許台灣漁船到沖之鳥「礁」二百浬內捕魚，對台灣天災的捐助更是寥寥無幾。

對這樣的國家我們還一再退讓，怎麼綠營是二套食安及二套外交標準？不論是萊豬或日本輻射食品，呼籲政府應以國人健康為重才是。

第 2 部

革命，是唯一辦法

生存革命

一、

重塑政治典範

36

馬克思的陰魂必將再起

無力反轉商、媒、政的結合，
勞動價值不斷被貶抑，貧富差距不斷加大，
再這樣下去，99％對1％的鬥爭勢必出現。

　　鳥為食亡，人為權死；問世間權是何物？直教至死不放。

　　古今中外，不論帝王將相，左派右派，一旦掌權，莫不緊握手中，至死方休。此與意識型態無關，左派的北韓金日成父、子、孫，古巴的卡斯楚兄弟，委瑞內拉的查維茲等；右派的蔣氏父子，韓國朴正熙，越南吳廷琰，伊朗巴勒維，敘利亞阿賽德父子，不一而足。權力集中不放，就算開國明君，也會日久玩生，就如乾隆；更不用說終將傳至昏君，禍國殃民，生靈塗炭。像蔣經國能「自我了

斷」，宣布子孫不再當權，則是特例，甚至能像中共正常
「換屆」，也非易事。

民主並不保證幸福快樂

　　人人都想掌權，那就改用數人頭代替打破人頭，若干
時間選一次總統（總理、首相），且限定任職的時間及連
任的次數，用現代的民主制度，讓大家都做頭家。

　　看起來人民當家做主，大家都平權了，豈不應該世界
大同了？但事實如何？民主有比獨裁帶給民眾更多的福祉
嗎？印度是全球最大的民主國家，但人民有免於貧窮、無
知、飢餓、恐懼、疾病的自由嗎？印尼、菲律賓、泰國不
也都是民主國家，情況又如何？有免除聯合國宣言中欲消
除的苦痛嗎？

　　就連自認為民主國家龍頭的美國，領取食物券（Food
Stamp）的窮人達到4,637萬，是總人口的15％；有850萬
人嚴重營養不足，其中300萬是孩童，人民根本沒有免除
飢餓的自由。更嚴重的是也沒有免除恐懼的自由，不只在
國際上要反恐，在國內也不得安寧，美國每年死於凶殺案
者達1.5萬人以上，每10萬人口就有4.8人因為凶殺死亡，
是挪威的10倍，荷蘭的5倍，英國的3.5倍，人民根本沒
有免除恐懼的自由。

　　此外，雖法令已通過，但全民健保至今還沒有完成，
美國人連免除疾病的自由也沒有。因此，民主只是幸福快

樂的必要條件之一，但並不保證一定能幸福快樂。全球算得上幸福快樂的國家，大概只有北歐的瑞典、丹麥、挪威、芬蘭了。

為何民主未必帶來幸福快樂？主因之一為雖然「權」分給了每個人，但「錢」卻日益集中在少數人之手，國家之間也是如此，富者愈富而貧者愈貧。掌握了錢，在很多情況下也就掌握了媒體及權力；而掌握了媒體和權力，又更容易得到金錢。惡性循環的結果，就是財富分配極度不均，讓民主社會「民有、民治、民享」的崇高理想，變質成「錢有、錢治、錢享」的不公義社會，幸福快樂當然遠離，不論是高度發達的美、日，或是開發中的菲律賓、印度、印尼等，皆是如此。

財富集中只有惡果

凡上過大一經濟學的人都學過「效用遞減」，在社會學則稱之為「福祉遞減」。意思是每增加一個單位的財富，所增加的效用（福祉）卻逐漸減少。因此郭台銘多一萬元、少一萬元，完全無感，但對一家四口人吃一碗泡麵的家庭，一萬元則是用途大矣。因此同等金額的財富，若集中於少數人，帶給這群人的效用（福祉）會降至最低，若是公平分配給每個人，則效用（福祉）最高。

美國近20年的經濟成長果實，都被1％的富人拿走，使得40％的基層家庭比以往更窮。台灣也是如此，經濟

成長幅度比不上所得分配的惡化，結果是國家財富雖然增加，財富所帶來的效用或福祉反而減少，民眾更不幸福了。這就是為什麼2010年台灣經濟從2009年金融海嘯反轉，馬總統得意大談成長率達到8%以上時，得到的卻是普羅大眾的噓聲，原因很簡單，勞工生產不斷上升，但勞動者所得反退回15年以前，經濟成長的果實都被少數人搜刮走了。

相反的，只要分配做得好，即使經濟低成長或不成長，也能改善財富的總體效用，社會福祉一樣可以增加。所以要使人民幸福快樂，平權之外，如何「均富」更是重要課題。

不僅如此，財富集中還會讓一般大眾陷入均貧，無力消費，結果就是生產過剩，經濟衰退，形成另一個惡性循環。一國之內如此，國與國間亦是如此。

還有，有錢人家的子弟享有豐富資源，只要不是太笨、太壞，躋身上流階級輕而易舉。相反的，貧窮人家子弟缺乏好的資源、機會、人脈，就算付出加倍努力，也很不容易突破困境。此問題在台灣已經顯現，只要去分析一下台、清、交這幾所頂尖大學學生的家庭背景，就知所言不假。

1998 ～ 2013年台灣最高及最低20%家庭年所得，從四倍擴大至六倍以上，最高及最低5%為66倍。這只是年所得，若論及資產，則倍數更為驚人。

此66倍差距的意義是，貧者50元便當，富者3,300元

的頂級牛排餐；貧者5萬機車，富者330萬雙B轎車；貧者子弟打工賺學費，富二代酒後駕千萬名車載美眉撞電線桿。階級固著，貧窮在代間遺傳，人才無法流動及發揮，反影響經濟發展，導致社會M型化，不公不義再添一樁。

新自由主義放任錢、權、媒結合，欺壓弱勢

美國雷根總統及英國柴契爾夫人的新自由主義，其實與古典資本主義大同小異，聰明才智過人、努力不懈、多勞多得、天經地義。共產主義強制平均分配，企圖提高財富的效用，但因為違反人性，反而導致均貧；且為了強制平均分配，需強力政治介入，因此共產主義必然為獨裁政體，人權與自由盡失。

多勞多得固然理所當然，因少勞少得而陷入貧困，也無話可說；但少勞多得或不勞多得，都不符合公義原則，還會造成一般民眾的相對剝奪感，又該拿它如何？所以資本主義的自由放任絕非良策，資本主義國家政府介入愈少，少勞多得或不勞多得的情況就愈嚴重。

就如馬克思所言，資本家掌握了生產工具及通路，勞動者嚴重被剝削，此種例子比比皆是。例如蔗農被迫只能以僅夠餬口的價格，將甘蔗原料賣給糖廠，因此不管國際糖價如何高漲，都與蔗農收入無關（日本殖民台灣時，官商壓榨蔗農，累積南進資本；光復後，國民政府用同樣手法獲取厚利，除用以維持龐大軍力、鞏固在台政權外，終

能辦理國民教育及公共衛生，算是好事一件）。一杯星巴克咖啡3～5美元，但咖啡農只能得到幾分錢；象牙海岸剝取可可果實的勞工，辛勞一生至死，也從未吃過一口巧克力。

理論上，市場決定價格，包括勞動價格，但這種理想狀況需要很多條件配合，實際情況常不是如此，而是被商、政、媒聯手操弄。

全球化和知識經濟推波助瀾

全球化的目的，是要打破或減少貿易障礙，讓各國的貨物、資本、人才（人力資本）自由流動，讓最有效能的生產者，製造耗費資源最少、價格最低、品質最好的產品行銷全球；沒有效能的就被淘汰。從全球的觀點，全球化能提升人類整體的生產效率及福祉，具體措施就是在WTO的架構下，減少關稅等貿易障礙。

然而如此一來，政府原本以關稅及各種規定保護國內產業的功能弱化，也不再能抽取關稅以補助弱勢。以台灣為例，在各國低關稅下，3C產品暢銷全球，但同時，台灣對他國傳統產業及農產品的進口關稅也必須大幅降低，結果導致國內相關產業無法與之競爭，又因政府抽取關稅金額減少，沒有經費去支援弱勢的勞工及農民，他們必然陷入困境。

所以那些因全球化獲得高利的產業廠商，理應合理

付稅，轉移給弱勢的勞工，因為他們的成功，是犧牲了保護弱勢者的關稅換來的。在全球化的自由主義及知識經濟下，高福利、高稅賦的北歐諸國如何抵擋？是否也是富人出走？政策如何維持？則是高度值得觀察者。

民主制度已有心無力

美國是公認較為成熟的民主國家，有近250年的歷史，社會多元、學術發達，但其市場失靈、政府失能、民主岌岌可危。商、媒、政結合，加上知識經濟及全球化推波助瀾，即使民主黨曾經執政，即使99％對抗1％，也無法撼動半分。

台灣的民主成熟度距美國甚遠，父死子繼、兄終弟及、夫唱婦隨（一個坐牢，親屬代為出征當選），是標準的家族及財閥政治。我們不只合理懷疑，甚至可以確定台灣商、媒、政的結合比美國更嚴重。

陳東升在1995年就出版了《金權城市的土地邏輯與批判》，揭露財團與政客勾結，大炒地皮房產，謀取不當暴利的內幕，一時洛陽紙貴，引爆無殼蝸牛抗爭。如今26年過去了，問題只有更加嚴重。最喜以「愛台」為標榜的某報業大亨，即是以各種不當手段炒房地產暴富的財團大戶，是財、媒、政結合的「最佳範例」。台北市財政局長承認，2億元的豪宅每年只要交4萬元的房屋稅及地價稅；炒房賺了200萬，只需以36萬申報綜合所得稅，但勞動者

的薪資所得卻一毛也少不了。

全球化及知識經濟不可擋，有權者不但不思變革以為因應，還不斷降富人的稅，相對加重受薪階級的負擔。富人的收入係以資本利得為主，在政商勾結下，不斷降稅及免稅，正如《天下雜誌》2012年9月第506期封面故事所述，台灣已成為富人避稅的天堂。另一方面財團不論合法或非法，套利從不手軟，就算東窗事發，挾十數百億遠走他國，一樣豪宅美女夜夜笙歌，政府卻莫可奈何。而勞工的勞動價值卻不斷被貶抑，以及相對被抽重稅。

前行政院院長江宜樺要普羅大眾「貧而樂道」，然而台灣此前15年勞工的勞動生產力不斷提升，薪資卻不斷下降，再看看鄰近的韓國，薪資成長是大於生產力的提升，叫台灣勞工情何以堪？台灣貧的原因是政府錯誤的財經政策及財團剝削所致，孔老夫子若地下有知，真不知對江前院長的「安貧樂道」會做何回應。

因此可以斷言，自李登輝總統以後的四任總統及財經內閣，全部不及格。財政及經濟委員會的立委，絕大多數本身就是財閥，不然就是財閥的代言人。國民黨早已遠離三民主義，改為信仰「錢有、錢治、錢享」，但每次中常會歷任黨主席均要默唸〈國父遺囑〉，真是個笑話；而民進黨執政時熱烈擁抱財團，與黨綱背道而馳，和國民黨一個半斤一個八兩，台灣焉能不向下沉淪？

馬政府曾召開兩次全國稅改會議，但在財團運作下，立法院財委會及財政部對結論束之高閣，一無作為；中研

院、台經院怠忽職守，所有研究都集中在產業如何致富，卻忽略經濟學中「分配」這個重大議題。馬政府及蔡政府雖都嘗試解決軍公教退休金及勞保年金不公不義的情況，以及實施房地產實價登錄，但依實價徵收仍遙遙無期，改革還是太少、太慢，貧富差距反而更加擴大，於事無補。

健保防貧機制，岌岌可危

不論聯合國或美國的實證資料，均顯示致貧或家庭破產的首要原因，是家人生重病而沒有健康保險。全民健保在台灣受到高度支持，底層20％的民眾，每付1元健保費，可以得到5.2元的健保醫療（付的保費低，但就醫品質和一般民眾無甚差異）。

台灣健保負擔及就醫公平性，被全世界公認數一數二，但真正的「奇蹟」，是在極右的國家，居然實施一個偏左的醫療制度（而且是唯一的一個），是台灣防貧的最重要機制。可惜此制度因人口急速老化，費用將快速上升（每增加一個老人，健保每年要增加7萬元支出），但承擔財務的青壯年大幅減少，醫療自負額已超過40％，基層民眾就醫日益困難。

二代健保中，立法院衛環委員會原本通過依家戶總所得計算健保費，財委會委員及財政部官員，在衛環委員會十餘次公聽會及逐條審查中，從未表示意見，卻因此法不利於富人，在法案通過前數日驟然推翻原案，改為更為不

公、行政更為複雜，且收不到應有保費的補充保險費。如此一來，不出幾年，健保就將面臨財務危機，因病而貧又將在台灣發生。

共產制度更是改革無望

在大三通之前，我曾受中國大陸某大醫院邀請前往演講，晚宴時，主人「曉以民族大義」，大談三通與統一的大道理。為避免陳腔濫調貫耳，就回了一句：「個人非常贊同三通及統一，且愈快愈好。」主人大樂，但我補了一句「先到延安去」，主人不解，問為何要到延安去，我回說：「再革命。因觀察大陸當前貧富差距，比國民黨時期恐有過之而無不及，因此要統一，恐需到延安去從事再革命。」於是主人一言不發，主客悶著頭吃飯，草草結束，也是趣事一件。

中國大陸貧富差距基尼指數高達0.6，早已超過一般學者認為的警戒線0.4，在世界上數一數二，只次於南非（財富完全集中在一人，基尼指數為1，完全平均分配則為0，北歐國家多在0.25左右）。雖中共當局近年以鉅資投入社會保障，但情況只有惡化，而不見好轉。自認為是社會主義的國家，貧富差距卻如此之大，長此以往，革命似不可避免。

大陸學界與不少知識份子期待政治體制改革，實施民主制度，但如同前文所說，民主並非萬靈丹，除非中共

政權趁著大權仍在握之時，能大幅消除權錢政治及改革稅制，否則即使民主化，結果依然是錢、權、媒結合，貧富差距只會更加嚴重，不會改善。就如同印度、菲律賓或印尼的民主，廣大民眾仍不能免除貧窮、飢餓、無知、疾病及恐懼的自由。

總之，不論是以美國為首的資本主義民主國家，還是實施共產主義的中國，由於對商、媒、政的結合都無力改革，勞動價值不斷被貶抑，貧富差距不斷加大，貧窮者不再認為是自己努力不夠（self-blame），而是政經結構的問題（structure blame），99％對1％的鬥爭勢必出現，不是野心家藉此興起，如二戰前的德國，就是馬克思的陰魂必將再現。

2010年末，北非與中東掀起了茉莉花革命的浪潮，並迅速蔓延到包括美國華爾街在內的世界各地。廣大的弱勢群眾已對這個不公義的社會失去耐性，結果如何，且讓我們拭目以待。

37

見證世界霸權的殞落

面對社會階級及貧富差距愈來愈大，
無德執政者永遠強調法律與秩序，
但民眾要的是公平與正義。

世界沒有永久的霸權，日不落的大英帝國，終將殞落；曾雄霸歐洲及亞洲的德國及日本，更是短暫。而美國經過2020年總統大選，累積半世紀的體制弱點大爆發，至此可以下個結論：美國的世界霸權地位已然結束，再也回不去了。

種族問題只是表象

美國總統選舉表面最大的衝突是種族問題，2020年5

月25日喬治・佛洛伊德（George Perry Floyd）遭警察壓制致死，引發「黑人的命也是命」（Black Lives Matter，簡稱BLM）運動；更扯的是，同年8月23日，威州一名黑人被警察從背後連開七槍。但實際上更深層的問題是，美國的階級及貧富差距愈來愈大，富者可敵國，貧者露宿街頭。

美國的種族問題根深柢固，從統計上看，同樣的違規行為，例如超速，黑人被罰的機會遠超過白人，遑論各種犯罪行為；就連新冠肺炎感染及死亡人數，黑人也是白人的數倍。

從種族抗爭到引起暴亂、搶劫，川普強調法律與秩序，不但要求各州動用國民兵，甚至出動聯邦武力。然而，世間若沒有正義與公平，如何要求法律與秩序？

美國重視個人主義，認為健康及財富是個人責任，因此一直無法實施全民健保，是所有進步國家中唯一沒有全民健康照護的。歐巴馬健保原本就是半調子，川普更是一棒將它打成跛腳，共和黨精英一向認為，如民主黨的左派主張就是社會主義，就是共產黨。

一戰與二戰，美國是反對法西斯的德國及日本帝國主義而被動參戰；韓戰及越戰是為了圍堵蘇聯的共產主義擴張，勉強說得過去；但攻打伊拉克、利比亞、阿富汗等戰爭，則完全是莫名其妙。美國一年所花軍費全球第一，是第2～16名的總和；在軍工產業控制下，美國不斷發動戰爭，13場戰爭花費了14.2兆美元，排擠效應下，投入全民教育、健康服務、基礎建設的費用十分貧乏。

簡單說，美國表面上是民主國家，一人一票，但實際上是由軍工產業及華爾街財團所控制。

不公不義，必遭唾棄

美國有全球最頂尖的大學，但在參與經濟合作暨發展組織（OECD）的國家中，國民平均教育水準敬陪末座；國家基礎建設一塌糊塗，連高鐵都沒有。此外，美國醫療科技世界第一，但平均健康水準，差歐洲、紐、澳、日、台甚遠，甚至不如古巴。本人在2020年3月17日投書報紙，預言美國將成為疫情最嚴重的國家，為此被名嘴出征，結果證明是一語中的。

美國也是科技第一大國，但自動化讓眾多技術工人失業，AI又讓很多基層白領丟掉飯碗；為了享受低物價，產業鏈大量外移，平民百姓生活更加痛苦；加上疫情導致失業率增加，犯罪率、家暴、離婚、虐兒也必定增加。

川普狂人為選票拚命甩鍋，偏偏老共一黨專政，多行不義，新冠疫情由武漢起、香港反送中、威嚇台灣，幾乎完美配合，讓川普可以宣稱所有困境全由老共引起，而非他施政無方。再因重視個人主義，各州強調主權，所以兩黨不同州的防疫政策不同：擁川普的不戴口罩，擁拜登的口罩不離口，真是世界奇葩及趣事。

如今美國國債已超過全國GDP，各國將不再購入。歷史證明，國庫空虛是敗亡的主因，從前英國為維持海外殖

民地，國債高築，終將日落；蘇聯因為與美國軍備競賽而瓦解；如今輪到美國了。由於種族、教育、科技、意識型態、個人主義、聯邦體制、軍工產業及財團控制國家，這些病癥環環相扣，根本無解，新冠病毒只不過是最後的催化劑。

凡是無德執政者，永遠強調法律與秩序，習近平及泰國皇室，不都是如此？蔡政府以百姓血汗錢發動網軍及買媒體大內宣，以維持其施政正當性，NCC關掉中天，不也是如此，哪管公平與正義？但民眾要的是公平與正義，執政不力，終將接受人民的制裁。

38

後疫情時代的世局預測

新冠疫情總會過去，
但將會對全球公衛醫學領域造成重大影響，
經濟及地緣政治也將有重大變遷。

此次新冠肺炎席捲全球，對生命及經濟造成無比巨大的損害。台灣防疫，前期頗具成效，但卻自滿輕忽，無視專家的警告，未能超前部署。例如在武漢解除封城後，蘇貞昌院長仍要台胞多冒風險、多花錢，多搭車十餘小時到上海坐「類包機」返台；而在歐美的台人不但可以自由回國，不用無染病證明，而且只要無症狀即可自行居家隔離，所以後來的新增病例幾乎都是歐美返國者。同樣是同胞，卻加以分類對待，以意識型態防疫，無怪乎2021年出現破口，引發新一波疫情。

疫情總會過去，但將會對全球公衛醫學領域造成重大影響，經濟及地緣政治也將有重大變遷。現在就探討疫情過後的世局，雖是膽大狂妄，但總有蛛絲馬跡，在此嘗試論之。

美中勢力的消漲

首先，哪裡的疫情會先受到控制？除了台灣外，當然是發源地中國大陸，先發先制。中國在集權下，以封城為主，醫治為輔，基本上已將疫情控制住，初具集體免疫力。在疫苗普遍接種前，雖仍可能爆發若干疫情，但已可以控制在一定範圍內。

歐、美、日各國仍在焦頭爛額，因此最先可能恢復經濟生產的將是中國。又因全球鎖國，經濟靠內需，而中國內需規模最大，製造業完整，可長期維持生計，GDP很有可能超越美國、歐洲與日本，成為世界第一強國。

美國自雷根上任後採用新自由主義，貧富差距擴大到危險的境地，至少有50～60萬人（包括孩童）露宿街頭，此次疫情根本無從「居家隔離」。相反，中國在中共極權下，小康計畫頗有成效，一帶一路及亞投行，雖遭美國一再阻擋，但參加者有英、法、德、日等，多半已棄美投中。

中歐列車短短八年多即涵蓋中國各主要城市，歐洲方面則連結15個國家與49座城市；最長路線是由義烏經海

底隧道到倫敦，總長 12,400 公里；多數列車運輸時間是海運的 1/3，價格是空運的 1/5。

兩強角力下的台灣危機

反觀川普一切以美國的利益優先。若說與中國從事貿易戰出於意識型態，是民主與自由理念之爭，尚可理解，但對歐洲各國聯盟亦加徵鋼鋁稅，拒絕參加各項區域經濟合作計畫。川普只顧讓美國再度偉大，退出國際海洋公約、國際科教文化組織，以及俄國的中程導彈協議；不參加多國為伊朗共擬的核協議，《京都議定書》不是撕毀就是退出；而美國自己的倡議，大多數（包括民主國家）都興致缺缺，不予支持，甚至認為美國是禍害全球的獨夫。

川普面臨新冠疫情及經濟困境，必然大打民粹牌，習近平也面臨內外夾攻。歷史證明，國家面臨內部治理壓力，最佳方法就是用「感性」一致抵外來團結內部。兩大強國目前在台灣海峽不斷提升軍機、軍艦巡航，宣示武力，就是表徵。

周邊國家為求自保，大多周旋於二者之間，如菲、越、馬、星，甚至日、韓也有親中舉動。台灣緊抱老美，不斷在文化及血緣上去中國化，而非強調兩岸體制完全不同，故目前無法實現一中。中國大陸現在既不能冀望國民黨，也不能冀望台灣人民，在兩強都欲打台灣牌之下，台灣危機如何超前部屬，有賴政府及國人的智慧。

39

疫情當前，要錢還是要命？

世界各國都想盡辦法提高疫苗覆蓋率，
台灣也應該加快疫苗採購與施打的速度，
否則我們將永遠在恐懼中過日子。

　　在回答本章標題前，要先確定主詞是誰。如果是自己的命，那拿再多錢也是不換，所以鐵齒看不起新冠肺炎的川普，在隨扈確診後每天檢測，自己確診後則接受各種藥物治療。但如果要的是別人的命，尤其喪命的人愈多，我的錢就愈多，又有何不可？當然，若心中有佛或上帝，則另當別論。

狂人川普一意孤行

新冠肺炎肆虐,全球鎖國導致產業鏈中斷,食物配置也逐漸發生問題。例如美國分割肉品廠因新冠肺炎而封廠,肉品供應立即發生問題;台灣疫情控制雖佳,但若進口飼料再中斷幾個月,也將沒雞蛋、牛乳及肉品可吃了。一旦疫情到了極致,就是病死及餓死的選擇。

2020年5月6日,全球超過370萬人確診,死亡近27萬,其中確診及死亡人數都以美國最多,確診超過123萬,死亡約7.7萬人。然而,川普仍舊公開宣布重啟經濟勢在必行,雖然這樣絕對會造成一些人染病及死亡,仍要盡早恢復。

由於新冠病毒的傳染力及死亡率遠高於流感,因此在沒有疫苗的情況下,至少將感染全球人口的1/4 ~ 1/3(2009年的H1N1,全球人口超過1/5感染)。當時美國公衛界評估,若全面恢復經濟活動,到6月1日,每日確診人數會從2.5萬人增加至25萬人,死亡超過3,000人。

顯然,對川普而言,別人的命不重要,重啟經濟救選情最重要,這就是民主的弔詭。川普自己富甲一方,又力行新自由主義,使美國財富高度集中,貧者無立錐之地,街友、遊民數以百萬計。即使美國一流大學、諾貝爾獎得主全球最多,人民卻是感性而非理性,可欺之以方。

川普對貧者一再煽動,說都是中國人、歐洲人、墨西哥人、加拿大人搶走美國人的工作及錢財;不斷印鈔票,

自己不加稅反減稅，由各國買美債，再以美債維持全球最強大的軍力，誰不服從就以武力威嚇。結果是全球以勞力、健康、資源、環境破壞為代價，讓美國的富豪聚集更多財富，中產階級享有價廉而高水準的生活。

美國因為疫情，失業人數達三、四千萬，川普為平息民怨，對全民發行其簽署的支票，每人1,200美元。這全是美國人民乃至於全球人民的血汗錢，就如同自欺欺人的國王新衣。

台灣紓困政策有待改進

台灣近年貧富差距不斷擴大，加上2021年5月新一波疫情爆發，三級警戒使得放無薪假人數持續高升，旅遊、餐飲業關門者眾，生活無助者比比皆是，紓困成為必要的手段。

就算沒看過豬走路，至少也吃過豬肉。美、日、星、港都是直接發現金或支票，甚至無所謂排富。原因一是快速，世間苦人馬上有錢可過基本生活；二是大幅減少行政成本；三是有錢人本來就負擔較高的稅賦，拿了一萬或許因此多花三萬。由政府公布那些苦哈哈的社福團體，請生活不缺紓困金者捐獻，讓社福團體得以繼續援助弱勢，如此效率將比社政單位直接且有效。

蘇揆自以為能幹，將國人加以分類，並給予不同的「施捨」，愈對基層條件愈複雜、嚴苛，殊不知每塊錢都

是人民的血汗錢，實乃酷吏。建議行政院全體閣員應比照921，捐出一個月所得，蘇揆本人應捐至少半年薪資，才像人樣。

防疫超前部署，恢復經濟亦應如是，及早訂定疫情控制到何程度，經濟活動解封到何程度的相關規定。目前世界各國都想盡辦法提高疫苗覆蓋率，台灣也應該加快疫苗採購與施打的速度，否則我們將永遠在恐懼中過日子，一不小心就如日、韓、星破功，永無寧日。

要錢還是要命？這是個考驗政府智慧的問題。

40

失敗的團結

> 團結，說得容易做得難，
> 基本理念和目標相同，尚且無法團結，
> 何況是惡鬥中的政黨？

小黨聯合四項基本理念

2019年4月，幾位朋友有鑑於蔡政府施政荒腔走板，不婚、不育、不養（虐兒及虐老）、不活（青少年自殺）不斷惡化，經濟成長不斷落後鄰近國家，貧富差距達到有史以來最高（而在野的國民黨，還在倡議完全沒共識的九二共識），因此邀我共組新政黨，名為「玉山黨」。本人以自己不競選為條件，被推舉為黨主席。

後來，曾競選台北市長的吳蕚洋先生告知，台灣政黨

已經很多，在2016年的選舉中，小黨加起來有將近150萬票，但因為太過分散，連一席不分區立委都沒有。只要這些小黨能夠聯合，就可以成為關鍵的少數，不必再另外成立新政黨。後來有不少小黨請我出面整合，就在青島東路3號，成立「中華民國政黨聯合服務處」。

經過多次開會與討論之後，我們在四項基本理念上達成共識：

1. 支持中華民國維護主權。
2. 下架貪汙腐敗的執政黨。
3. 兩岸在文化、血緣上高度連結，但政治體制差異甚大，目前無法一中。
4. 還權於民，還錢於民。

這四項理念以明顯的文字列在牆上，路人皆可觀看。另外，我們也提出恢復徵兵制、婦女在培訓後從事社會服務一年（顧小或顧老）等政策，以彰顯自我防衛及強化社會相互扶持機制。

至於「還權於民」，即是比照縣市長選罷法，只要總統就任滿一年，即可由選民啟動罷免，而非今日的總統選罷法，要先由立法院2/3立委提出（總統可輕易以權與錢收服1/3立委），才可由公民發動罷免。「還錢於民」就將全部公營事業及公股一律集中發行股票，全民配股、監督及分享股利，減少政府蓋蚊子館。

持續擴大的衝突與撕裂

經過不斷的討論，最後我們決定以認同四大理念且資源較多的黨為首，其他各黨將政黨票集中於該黨，但不分區立委的人選及排名，則需共同商議，並且共同支持各黨參選之區域立委。因為沒有提總統候選人，總統票達成默契就一律投在野黨候選人。

然而，由於各政黨人力、財力及影響力有限，雖然若干有一定追隨者的小型政黨與不少信眾的宗教團體贊成，也頒發本人榮譽主席、最高顧問等聘書，甚至由我擔任黨主席，但個個黨小志氣高，最後仍各行其是，無法凝聚。

2020年台灣大選結果，除了政黨票超過5%的三大黨之外，再扣除親民黨及台灣基進黨（分別為3.66%及3.15%），各小黨的票數合計也有6.6%。可惜所有努力都如同打水漂一般，提出的政見也沒有引起社會重視，更未被採用。

團結、團結，說得容易做得難，基本理念和目標相同，尚且無法團結，何況是惡鬥中的政黨？蔡總統天天嘴上喊團結，其所作所為卻不斷在分裂台灣，想要靠她團結國人，無異於痴人說夢。

國民黨口口聲聲「九二共識」，被冠上九二共識就是一國兩制的帽子，而世上從無成功實行一國兩制的國家，最後不是兩國就是一制。民進黨以「抗中保台」加「下架吳斯懷」運動，狠狠打敗了國民黨候選人（包括總統及立

委）。蔡政府以權、錢、酬庸、派系來收買媒體、網軍，一再打壓非其族類，持續擴大衝突、撕裂族群，中華民國如何不亡？

41

政客們
為了國家，請去死吧！

台灣面臨的挑戰，
絕不僅是老人健康照護及長照議題，
而是全面的社會、經濟、政治及文化的調適。

　　台灣進入超高齡社會的速度，是人類前所未有的經驗。民國40年後出生的戰後嬰兒潮世代，自民國105年起，陸續成為高齡社會的一員，加上台灣目前是全球青壯年有偶率及生育率最低的國家之一，分子（老年人）快速加大，分母（青壯年及孩童）快速縮小，2020年死亡人數超過出生人數，原本預估台灣進入超高齡社會（20%為老人）的時間點是2026年，如今很可能會提前。

日本超高齡社會的挑戰

　　鄰國日本早已進入超高齡社會，2018年老人占總人口28.4%，並可看出其對社會影響層面至為廣泛，除了社會保障制度（如年金、健保、長照等）外，也深深影響經濟發展並擴及日常生活。目前全日本無人繼承的土地面積已大於九州島，而且仍不斷擴大；除了蛋黃區的東京、大阪外，由於空房增加，整體房價下跌至少30%，估計不出十年，空屋將高達30%；不少二、三線鄉鎮的空屋「免費出售」，期待有人入住，因為只有如此，鄉鎮才能獲得土地稅、房屋稅等收入，以維持地方基本機能。行政區（例如市、町、村）合併案例不斷增加，目的是擴大地方規模，維持基本功能，例如保健所、清潔隊、路燈照明等。

　　這些現象都與少子化有關（子女少，不動產無人繼承，或是繳不起遺產稅等），由於獨居老人眾多，每年有超過三萬的老人獨自死亡，直至腐爛發臭才被人發現；這情形也創造出新的工作：「遺品處理士」或「遺體處理士」。這些社會現象也必然影響社會心理，並呈現在文學藝術上。

　　2018年垣谷美雨的小說《七十歲死亡法案，通過》，即是敘述日本因為人口過度老化，國家財政已無法因應老人年金、健康保險及長照的支出，只好通過法案：凡屆滿70歲者，在一個月內必須安樂死，使國家社會可以延續，意思就是：「為了國家，請去死吧！」這部小說中的日

本，又回到1956年小說《楢山節考》的時代：信州的貧窮小村為讓下一代有更高的存活機會，滿70歲、不再有能力從事耕作生產的老人，必須在下大雪的冬日，由長子背負上山自生自滅。

民粹福利將加速淪亡

日本近年來已多次由首相親自主持，研議面對高齡的相關對策。同樣，台灣面臨的挑戰，絕不僅是老人健康照護及長照議題，而是全面的社會、經濟、政治及文化的調適。2019年衛福部委託國家衛生研究院，研議長照相關議題，應只是對應台灣將從高齡社會進入超高齡社會的起點，未來還有漫漫長路，需要舉國共同努力。

即使僅僅針對長照主題，目前雖有「長照2.0」，但仍不斷發生照顧者身心俱疲，殺害被照顧的親人，然後再自殺或投案（幾乎無人逃逸）的人倫悲劇。

更可悲者，政客們不斷繼續加速國家的淪亡，為了選票，民粹福利多到不可數。例如老人公車免費、捷運及高鐵半價，那麼全票該如何訂價，這些公司才能不倒？如果由政府補貼，那要加多少稅才夠支應？不加稅，又是哪些其他福利被排擠了呢？還有許多縣市老人免繳健保費，如果張忠謀、郭台銘都不用繳，那誰繳？負擔不都落在青壯年工作者身上嗎？

2018年九合一選舉時，台中倡議要建「山手線」，用

捷運把中部幾個鄉鎮連起來，問題是屆時人口都沒了，「山手線」要給誰坐？這就跟高鐵延伸到屏東一樣是個笑話，要是真的做了，將來都是蚊子館。

台灣哪有民主？只有民粹！許多福利連稅賦更高的日本及北歐國家都沒有，但今日誰敢取消老人公車免費、捷運與高鐵半價、老農津貼及健保免費？這就跟阿根廷、委內瑞拉及南歐一樣，國家不亡，民粹不止。政客們，為了國家，為了扭轉這「民粹不滅定律」，請去死吧！蔡英文、蘇貞昌為了選舉，天天亂放利多，搞垮國家，更請率先去死吧！

42

政府應還權於民、還錢於民

> 兩黨交替執政，
>
> 不斷政策買票、就地分贓，
>
> 肥了官員與民代。

形同虛設的總統罷免權

在民主國家，人民要有權才能監督政府，以達到「政府有能」。因此「憲法」規定人民要有選舉（包括被選舉權）、罷免，創制及複決等權利。但最重要的總統罷免權卻受到嚴重限制，幾乎是完全被剝奪了，依照規定，要罷免總統需經立法院2/3委員同意，才能交付全民舉行罷免投票。

但自中華民國成立以來，總統用利益分配控制立委的

生存革命

事層出不窮，民國初年的曹錕收買「豬仔議員」選上大總統；近年則是陳幸妤所說的：「民進黨要選舉的人，哪一個沒拿過我爸的錢？」到了小英總統更上一層樓，除了分錢還分官，陳師孟在獲得立法院同意其擔任監委前，公開宣稱自己只辦藍不辦綠，如此荒謬的人選，竟由民進黨立委全票通過，試問這種立委有何可信度？

因此我再次呼籲，罷免總統應比照罷免縣市長的規定，任滿一年，有1%的公民連署，就可啟動罷免的全民投票，如此才能落實「人民有權」。

更重要的是，兩黨交替執政，輪流將老百姓的血汗錢亂花一通，不斷政策買票、就地分贓，肥了官員與民代。2017年，師範大學姚瑞中教授清查全台共有516座蚊子館，總經費2,610億元，例如屏東及墾丁民航機場、沒有觀眾的故宮南院等，若加上核四及近年新建的蚊子館，則超過6,000億元。

你是納稅人，氣還不氣？這種政府吃老百姓的肉、喝老百姓的血、啃老百姓的骨，該不該下架？這是國、民兩黨都讓人厭惡之處。

蘇貞昌院長行事有如「小李子」，主張花500億元延伸高鐵至屏東的「盲腸線」，但真正需要且緊急的桃園機場第三航廈與第三跑道，完工日卻因缺錢而遙遙無期。人進不來，貨出不去，台灣如何能發大財？

公營事業盈餘應分給全民

除了還權於民，也要還錢於民。

對此我提出的方案如下：將全部公營事業，包括中央銀行、各官股銀行、中油、台電、中華電信、台糖、中鋼、高鐵、華航、台水等，粗估至少30兆元以上，發行股票，平均分給全國人民，不分男女老小，每人約可分得150萬元的股票。台鐵缺錢又缺人，在此制度下才能合理調整票價，提升效率以求獲利，讓民眾分紅。未來各公營事業凡每年盈餘少於5%者，撤換董事長及總經理，如此就必須進用專業經理人及技術官僚，而非政治酬庸，並且台灣每人每年可得股利7.5萬元。

此股份不得買賣繼承，原持有人去世，就由國家轉交給新生人口，2020年台灣死亡人數已超過出生人數，未來永續不成問題，未成年者的股票則由父母代管。股東大會採用電子投票，因此即使蘇貞昌官大放屁大，高鐵賠錢的盲腸線及延至宜蘭等事也不會通過，更不再有恆春機場。父母多一筆錢養小孩，大學生少了學貸。

此案優點甚多，其一是讓全民監督公營事業，其二可大幅減少貧富差距，其三則使民粹不再。例如台電因為政治問題而持續凍漲，若是分錢於民，民眾就會接受油電合理漲價，因為庶民用油、用電少，雖然也要多付漲價的油電費用，但用量多的大戶與工廠要付更多，一般人因此可分得更多股利。

台灣稅賦占GDP比率，從20%左右下降至13%，是進步國家中最低。台灣人愛心滿滿，但高度不信任政府，所以不同意提高稅賦，將錢交到政府手中，以制度互相幫助。因此，唯有還錢於民，才能建立幸福社會。

43

分配正義救台灣

政府稅收不足，又小又窮，
卻又顧忌財團代表，難以實施稅改，
想要解決問題，只能另闢蹊徑。

　　任何文明國家的執政者，不論左派或右派，至少要做
到老有所終，壯有所用，幼有所養，否則政府執政的正當
性將蕩然無存。

稅制改革困難重重

　　可悲的是，台灣政府幾乎沒有做到。失能的老人有
七十幾萬，政府只照顧了十多萬，長照2.0資源有限。照
顧者心力交瘁，則有老人殺妻（投案後，認罪不認錯，直

言制度殺人）、孝子勒斃母親（姊姊到派出所探視，不但不責備弟弟，反而抱著他痛哭，說弟弟辛苦了）。

年輕人買不起房子，2019年房價所得比為世界第10名。北歐國家高稅賦，子女大家一起養，父母將子女撫養到24歲，只要可支配所得的10%，台灣則需要66%，因此公立幼兒園、托兒所開放報名，總是立刻秒殺。這樣的環境，台灣何人敢結婚生子？

由於稅收不足，偏鄉大量採用代課老師甚至鐘點老師。政府又小又窮，公債已達五兆多元（自1993年以來，中央國債從五千多億增加10倍）。馬政府執政初期大幅降稅，說是熱錢流入，增加投資創造就業機會，而台灣本來就不缺錢，熱錢進來，未能引導投資創業，結果炒房炒股，導致年輕人薪資倒退16年。

政府想加稅，門都沒有。一方面由於施政貪腐不斷，官商勾結，蚊子館林立，民眾信任度不足，不願把錢交給政府，倒是凡事都要政府出錢。另一方面，任何稅制改革，不論是證所稅或兩稅合一，阿財、阿土、阿水等財團代表總有種種理由，特別是財團立委，一定讓方案夭折。

稅改輕者，部長下台，重者，政黨敗選。而警察、消防、防疫、環保、照顧弱勢費用，比例上多由受薪勞動階級負擔，各種不公不義，導致高階人力不斷外流，青年人則到紐澳打工。畢竟紐澳勞工上班時間比台灣短，努力程度也不及台灣，薪資卻高出許多，要台灣年輕人如何不怨嘆？此外，優秀人才赴中國求學者，不計其數。

增加政府收入的三項建議

更有趣的是，地方政府捧著金碗，卻不斷向中央要錢，如有不從則惡言相向。其實地價稅、房屋稅是地方稅，只要公告地價調一下，或是調高稅率，就能財源滾滾，何況台灣房屋加地價稅，只有實價的0.1～0.2%，跟美、日的1%以上差距甚大。如此情形，炒房炒地自然遠勝過投資產業。由此看來，著實難以期待稅改。

既然黑貓白貓都不管用，而抓到耗子就能解決問題，本人只好狗拿耗子，另闢蹊徑，提出三項建議如下：

1. 每次金融移轉（證券、期貨買賣）每筆收10元，每年120億元以上，充為長照保險基金。
2. 每次金融提款，每筆加收5元，粗估將有60億元，可普遍辦理公立幼兒園、托兒所。
3. 除了低收入戶及中低收入戶外，每戶每年多交1,000元，則有60～70億元，以此對只有一戶房產的青壯年補助購屋貸款，年利息2%，可產生3,000～4,000億的房屋貸款。（台灣空屋太多，數兆的資金凍結成鋼筋水泥，因此不要再蓋社會住宅了。）

以上建議，前兩項由銀行代扣，第三項則由國稅局扣繳，行政成本低廉，富人相對付出多；而且每筆金額不大，若全面宣導指定用途，民眾較易理解及監督。這些方

法比起稅改，較容易為民眾所接受。

　　不論是執政者或在野黨，想想台灣面對的各種困境，都支持一下吧！各位反對各項稅改的人，請去教教財政部，如何把稅占GDP的13%（進步國家中最低）提升到15%（韓國超過20%），這樣至少能增加收入，減緩政府破產。

44

建交狂想曲

蔡政府2016年上台後的「斷交雪崩潮」，
令國人擔心起台灣在世界上的「存在感」，
其實，有一個讓台灣邦交國快速增加的方法。

前景未明的外交策略

台灣邦交國的維持一向艱辛，蔡政府2016年上台後更為困難，從聖多美普林西比開始，陸續與巴拿馬、多明尼加、布吉納法索、薩爾瓦多、索羅門群島、吉里巴斯共七國斷交。其中多明尼加在接受我國贈與直升機、悍馬車等超過十億元的軍用物資後，宣布結束77年的邦誼，駐多國大使馮寄台為維持最近兩年邦交，體重少了20公斤，不可謂不努力。

這情況被媒體形容為「斷交雪崩潮」，可見前景將更不樂觀。國人擔心台灣在世界上的「存在感」，因此當外交部長吳釗燮開記者會，宣布與布吉納法索斷交並請辭（立刻被慰留）後，蔡總統也接著舉行記者會痛罵「中國」，說是中國缺乏信心，而且我們不再忍讓，聽起來好像要反攻大陸了，令人好不振奮。

接著蔡總統又指示國人「我們要團結」，不過她說的「我們」，好像只剩綠營朋友了。不論是前瞻計畫、旅遊補助，還是設置多個政務任用官職，好處多給綠不給藍；而年金改革、追討不當黨產及促進轉型正義等，對抗對象又多是藍不是綠。

斷交潮影響國人心理甚鉅，藍綠甚至白，三方必然互噴口水，更加分裂朝野，既然綠營不對中國忍讓，就要想出另一套方法，大幅增加邦交國。

快速增加邦交國的方法

世界上有兩百多個國家，大的有十幾億人，小的只有幾萬人，例如帛琉只有2.15萬人、聖多美普林西比約21萬人、吉里巴斯大概11萬人，比台北市某些行政區的人口還少，跟新北市板橋區、新莊區、中和區等四、五十萬人相比，更是不可以道里計。

索羅門群島人口約65萬，跟台灣的一個行政區差不多。就土地面積來說，大國如俄羅斯，可達1,000萬平方

公里以上，小國如吉里巴斯，只有811平方公里，是新北市（2,053平方公里）的40%。相較之下，台灣有條件獨立成為國家的離島可真不少。

首先，蘭嶼宣布獨立建國，與台灣相互承認，便可多一個邦交國；同時請所有台灣的邦交國承認蘭嶼，南太平洋島國與蘭嶼達悟族血緣文化相近，應不難立即建交；接著申請加入聯合國與WHO。隔些日子，綠島也宣布獨立。再來是澎湖，除本島外有人居住的地方（如望安、白沙等）共有19個，也可擇期宣布獨立。

這麼做的好處很多，一方面台灣邦交國可以快速增加；聯合國及WHO也有很多事可幹；老共的外交部也會因此忙著辦理記者會。

此外，國人喜歡當官，這樣立刻就多了不少總統、副總統、行政院長，以及不計其數的部長，人人有官當，好不熱鬧，台灣人的幸福指數必然破表，而蔡政府的滿意度也必然升高，不亦樂乎！

不過，有這麼多新國家，光是印護照、鈔票、邊境設關，花費就何其龐大，該如何籌措財源呢？其實這也簡單，只要「各國」互相承認，同意繼續用中華民國身分證及護照、貨幣即可。

不少南太平洋國家就是用美鈔為國幣，畢竟為了幾萬人口發行鈔票，光是防偽及印刷就要很多成本，太不划算。財政部分，則一律委託中華民國辦理及補助。如此，台灣馬上成為全球援助他國金額占GDP最高的偉大國家；

國防比照辦理，台灣也立刻成為保護最多其他國家，維持民主、自由的偉大國家。

　　以上雖是狂想，不也十分有趣嗎？

生存革命

二、
擘畫社福願景

45

推動《超高齡社會發展法》
迫在眉睫

台灣預計在 2026 年進入「超高齡社會」，
這不只是今日高齡者面對的挑戰，
而是未來青壯年將面臨的挑戰。

超高齡社會即將到來

台灣預計在 2026 年進入「超高齡社會」，即 65 歲以上的人口超過 20%。成功常是挑戰的開始，過去台灣公共衛生、醫療科技及健保的進步及推行，導致國民壽命不斷延長，加上少子化，高齡人口比率快速上升。台灣在 1993 年成為「高齡化社會」（7% 超過 65 歲），2018 年成為「高齡社會」（14% 超過 65 歲）；只要再過幾年就進入「超高齡社會」，速度之快，直超日本。

日本政府為因應超高齡社會，二、三十年來首相多次主持因應對策，但仍面臨重大的困境，顯現在各社會現象及文學著作上：蛋黃區之外的房價下跌超過30%；無人繼承的土地合計已有九州大小；三線城市地方政府拍賣房屋，需要貼錢給欲遷入者，以免無人居住及交稅；地方醫療、路燈、垃圾清理無法維持；近幾年《下流老人》、《七十歲死亡法案，通過》等，各種充滿悲觀、無奈的著作盛行。

至於台灣，除了常有照顧者由於身心俱疲，因而殺害被照顧者的慘案外，全台無人繼承的土地也有金門大小。但種種徵兆顯示，至今並無任何政治人物加以關注，台灣社會正逐步走向懸崖。

超高齡社會「不只是」今日高齡者面對的挑戰，而是未來青壯年，特別是嬰幼兒世代將面臨的挑戰。目前50歲者，至少要生活在超高齡社會30年，30歲者則要活60年，青少年要面對超高齡社會70～80年。因此，今日推動《超高齡社會發展法》是前瞻性的行動，是為未來世代因應超高齡社會做準備。

個人與社會的「五老」挑戰

超高齡社會以個人而言，至少要面對「五老」挑戰：老身、老本、老居、老友、老伴。

第一要務是老身，畢竟老身不在，其餘免談；今日

長壽不難，但要活得健康快樂、活躍老化則不容易。老本則不能僅靠社會保障（無論是軍公教或勞保，少則七、八年，多則十數年就會耗盡），個人如何理財、儲蓄，已成為「終身志業」。老居也是重大挑戰，目前居住在五層樓以下無電梯公寓的數百萬人，其中無法上下樓的人（特別是獨居者），將來必如日本，死亡多日無人知。

哈佛大學一項追蹤七十餘年的研究發現，健康快樂最重要的因子，是有良好的社會互動與支持。然而，台灣與其他高度老化社會的共同現象是「孤獨」，由於少子化及都市高度流動，「獨居」成為普遍的現象，孤獨對個人身心健康傷害極大，因此需要與人建立良好的互動關係。此外，長壽的老年人喪偶，或是現代人追求自我發展而離婚，要如何再尋求伴侶相互扶持，以增進幸福感、減少孤獨，也是目前及未來的挑戰。

至於社會群體，需要面對的調適則更為廣泛。個人困境經常成為整個國家的社會、政治、經濟與文化問題。以老身而言，關鍵在於如何促進全民健康，完善老化、失能者的照顧，以及健康保險的永續。醫學從來只重視延長壽命（包括痛苦的生命），而延長活躍的生命，增進高齡者享有尊嚴生命的選擇（如安樂死），均需社會採取集體行動來因應。而老本當然與社會經濟息息相關。

至於老居，可以思考如何建構青銀共居、老人住宅等。老友、老伴，則要討論是否打破今日關於「家庭」的法律規章，改為「鄰近於親」，沒有血緣、婚姻關係，

但有深厚情誼的共居者，也能享有某種程度的「親屬關係」，例如代簽「放棄急救同意書」的權利。

近年來國內民間正在起步，仿照北歐國家大幅推動時間銀行，建立互動社會，這些都需要政府在法令規章與財力方面的協助。

《超高齡社會發展法》修法暨超高齡審議式民主公民會議，已從2019年開始推動，期待政治人物與全民都能多加關注，並且採取相關行動，共同面對超高齡社會挑戰的到來。

46

攜手共老：
第三家庭的倡議

長壽已改變我們的生活視野，
因此更應該持續成長、進化，
追尋內心最想擁抱的生活樣貌。

下流老人的悲歌

國際將65歲以上人口占全部比率達7%、14%及
20%，分別稱為「高齡化社會」、「高齡社會」及「超高齡
社會」。我國已於2018年轉為高齡社會，估計於2026年邁
入超高齡社會；而依照《世界人口綜述》列出2020年各國
出生率排名，台灣在全球兩百多個國家中排最後一名，平
均每位婦女僅生0.9個孩子。少子化導致人口分母縮小，
壽命延長的老年人口比率必然上升，兩者高度相關。

根據衛生福利部2018年9月編印的《中華民國106年老人狀況調查報告》，65歲以上有配偶或同居者占66.09%、喪偶者29.32%、離婚或分居者3.22%、未婚者1.37%；在有偶率低及人口老化的衝擊下，失去家庭相互陪伴、支持及照顧功能的孤獨老人，將日漸增加。各級政府雖提出建立長照服務體系、居家照護、強化社區照顧據點等對策，但因孤獨而帶來的自閉、憂鬱、躁鬱，甚至失能、失智等身心官能症的困擾，還是難以避免。

日本社會學者藤田孝典的著作《下流老人》，描述由於年金制度即將崩壞、缺乏長期照護人力等原因，有愈來愈多老人身陷貧窮漩渦無法自拔。部分養老院、照護中心、簡易旅舍，以低價吸引「下流老人」入住，但提供的環境、膳食、服務品質都非常惡劣。有些商人甚至將「下流老人」請領的生活年金全部侵吞，反映了日本的現況。

在2014年，向日本國民生活中心告發的類似案例高達1,454件；許多老人院和照護中心的衛生品質惡劣，照護人員霸凌老人，老人被迫寫遺囑轉移財產，還有老人院收錢不久就惡性倒閉……各種狀況層出不窮，這種現象未來在台灣也可能出現。

第三家庭是未來趨勢

醫學的進步和公衛的普及，讓人類平均餘命在過去一個世紀，從50歲變成80歲，整整增加了30歲，有人稱

之為「第三歲月」（The Third Age）；愛爾蘭成人教育學家愛德華‧凱利（Edward Kelly）也發起「第三人生」（The Third Act），認為長壽已改變我們的生活視野，因此更應該持續成長、進化，去思考人生第三幕，追尋內心最想擁抱的生活樣貌。

伊甸社會福利基金會董事長成亮更進一步，以其服務都會社區基督教會及原住民部落的互助模式，認為台灣不婚、不生的現象，將導致第一家庭及第二家庭（夫妻及子女組成的家庭）不斷減少，將來社會運作一定要依賴血親、姻親之外的社區人士，或者是職場好友互相支持，組成如家庭般的連結。

這種脈絡帶出「第三家庭」的倡議，希望無依的老年人能互相提供有品質、品味的陪伴與照顧。第三家庭的家人要用心學習認識自己、介紹自己，同時學會彼此傾聽、接納、肯定、欣賞，並接受必要的培力課程與活動，特別是提升人際、群我關係的品質與修練，讓自己能老身隨心、老伴貼心、老居安心。更重要的是，如何立法保障及鼓勵第三家庭，則有待各界共同努力。

47

超高齡社會的銀髮商機

當日本已經坐擁百兆且年年成長的銀髮商機，
我們依然停留在過去貧瘠的老年想像。
其實，人口老化帶來了許多產業商機。

超乎以往經驗的老年想像

2014年10月初秋，我在微涼舒適的日本，見識了一場真正的豐收。

當時我跟著生產力中心到日本東京，參訪全球前三大輔具展——國際福祉機器展（Home Care & Rehabilitation Exhibition）。五天四夜的行程中，看到日本介護保險實施15年後，各類銀髮服務與商品蓬勃發展的榮景，驚覺台灣落後的不只是社福政策：當日本已經坐擁百兆且年年成長

的銀髮商機，我們依然停留在如何讓老人穿上尿布、坐輪椅、安全放進浴缸洗澡……種種貧瘠的老年想像。

老，不僅是各國共同的世紀挑戰，只要不是「么壽」，其實是每個人必須面對的人生課題。2019年台灣男性的平均壽命是77.69歲，女性84.23歲，台北市民的平均壽命更高達83.86歲，接近日本的平均壽命。

約半個世紀前，台灣人的平均壽命不過五十多歲，當時人生只有兩階段，即0～20歲的成長與學習階段，以及20～50歲立業成家，之後多數即面臨死亡。因此那時多數國家（包括台灣）將50歲定義為退休年齡，因為「人生七十古來稀」。

如今由於壽命延長，人生就成為三階段，50歲以後還有30年要過，這是以前台灣社會沒有的經驗，不但個人、家庭需好好思量如何因應，社會更是如此。另一方面，人口老化也是潛力無窮的產業商機；從這觀點看老，就充滿了積極樂觀。

國際福祉機器展場是台北世貿旅遊展的六倍大，所有一流車廠都為仍想自由外出的銀髮族，設計著重安全便利與考量生理狀況的車款，也為已不能開車的老人設計協助進出車子的貼心設計。

來自16國、585家廠商的產品被分為六大展區，攤位多到一個下午根本逛不完。我在現場幫從事照護工作的女兒，買了移位用的一副手套和一塊布，看似不起眼的小東西，女兒實際使用後讚不絕口，直說這些著重減少摩擦的

移位輔具，讓照顧者更省力，也減少了個案的不適。

　　台灣人創新實力世界一流、得獎無數，真希望能應用在崛起的銀髮產業上，最終將造福這社會的每一個人。成功的關鍵是像日本讓研發端與市場端無縫接合，這也許是下一波台灣經濟奇蹟的機會。

賣半根蘿蔔的百貨公司

　　日本的銀髮消費型態千變萬化。東京市中心的摩登購物商場AEON MALL裡，有一整層樓是為銀髮族的食衣住行育樂需求特別打造：走道寬敞、座椅多、服務人員多，除了購物外還有多元的服務，包括理財諮詢、進修學習，甚至還有寵物美容與餐廳，販售的寵物點心擺盤之精緻可愛，與台灣潮男潮女聚會的下午茶餐廳相差無幾。

　　在台灣，商場裡各種有趣豐富的活動，多數是為了孩子而存在；在日本，滿頭白髮的爺爺奶奶，一樣可以擁有屬於自己的遊樂空間。

　　我印象最深刻的是一家社區型賣場Daishin，與其說是一家百貨商場，它更像熟齡版的生活小叮嚀。

　　Daishin位於東京市郊，周邊社區住的都是老人家，多數是獨居或只有夫婦二人的家庭。每天巡迴車沿街載他們來到這裡，在寬敞無障礙、標示放大、貨架降低的空間，長輩可以安心慢行，隨處有座椅可休息，服務人員（也多半是老人）較一般賣場多，便於詢問。

商品包裝也貼心為長者需求縮減分量，可以買到半根蘿蔔、1/4顆白菜、兩顆蛋、三片雞胸肉等獨居也能吃完的食材。年紀大到真的提不動了，巡迴車還幫忙宅配到家。某些老人家從年輕時代習慣使用的生活用品，即使市面上已不常見，Daishin賣場裡也有販售，並自豪宣稱：「只要每年曾經賣出一個，我們架上就會繼續提供這項商品。」

果然，在百貨經營愈來愈辛苦的年代，轉型為熟齡商場的Daishin不但能賺錢，還達成方圓500公尺內市占率100%的營業目標。

維持尊嚴的照顧理念

「在地需求在地供給」和「熟齡參與」，一直是日本長期照護產業的兩大支柱，許多照顧者都是社會高齡閒置人力再活化，不用引進外勞也減輕照顧負擔。過往台灣重視出口，但照顧服務業是經濟產業轉型的內需產業其中一個選項。

我們也參觀了舞浜俱樂部，這是由健康高齡觀念更先進的瑞典人引進日本的養護機構。中心提供多元的音樂治療、撫觸治療與活動，基本的照顧理念是「維持尊嚴」；所以一樓大門進來的走廊看不見一個扶手，住民盡量自立行動。這當然很挑戰傳統照顧觀念，舞浜不但花了很多時間與日本政府溝通取得同意，更以加倍人力來確保住民的出入安全。

住進這裡自然所費不貲，除了保證金600萬日元外，每個月還要付60萬日元，這時介護保險（類似我們的長期照護保險）就幫上忙了。在介護保險補貼部分負擔後還有些經濟能力的長輩，就可以選擇這個讓他們能繼續正常生活（而非完全只能依賴照顧）的第二個家。

　　日本經驗告訴我們，優美的老年生活，需要政府保險制度與民間私人儲蓄共同成就。

48

長照服務的未來

比照全民健保，建立長照保險制度，
大家互相照顧、彼此支援，
是支持需要長照家庭，唯一的可能

長照保險制度的基石

2015年通過《長照服務法》時，有人批評這是個空
洞的法，此說「對，也不對」。「對」的原因是此法的通
過，對急需長照的個人及家庭，並無任何立即的直接助
益；「不對」是此法的功用在於整合各種雜亂的相關法
令，例如《老人福利法》中關於老年人的照護規定；退輔
會對退休榮民提供長期照護的規定；還有《身心障礙者權
益保護法》、健保法中居家照顧的規定等，進一步在促進

及建構長照的體系，包括人力、機構、品質及分布等。

　　光有體系但沒保險，對立刻需要長照服務的人來說，的確沒有實質的幫助。但正如同台灣早在1986年就先通過「醫療法」，依法得以提升及整合醫療資源、大幅改善醫療資源的分布，做好醫療體系的基礎建設工作，避免實施健保後「有保險無醫療」的窘境，才能於1995年順利推動全民健康保險。

　　《長照服務法》也是長照保險制度的重要基石，先要有健全的體系，下一步才能尋求財源，推動有實質效益的《長期照護保險法》。從這角度來說，《長照服務法》當然不空洞，而是具有重大意義的先鋒。

長照需求只會愈來愈大

　　2014年台灣有71萬失能人口，絕大多數是老人，其中只有13萬人得到政府十年長照計畫的照顧；20萬家境尚可負擔者，是雇請外勞幫忙；其餘的40萬人都是由家人照顧。另外還有20萬失智者，也只有三千多人獲得政府資源照顧。

　　看顧失能、失智者，其辛苦著實超乎一般人想像，長期下來常讓主要照顧者身心俱疲，甚至家庭破碎。因此，需要長照的家庭，尤其是較弱勢家庭，迫切需要外界資源的挹注，避免崩潰的命運。但所有專家一致同意，從國家財政來看，期待用政府預算來支付長照費用，無異於緣木

求魚，唯一的可能是比照全民健保，建立長照保險制度，大家互相照顧、彼此支援。

但是長照保險制度比全民健保面臨更大的挑戰，因為保費的繳交者主要是有工作能力的年輕人及雇主，年輕人預期在可見的未來，自己需要長照服務的可能性很低，在經濟不景氣、生活負擔已很沉重的情況下，自然不樂意再多付一筆費用；雇主則認為照顧已退休的老人不該是企業的責任，更不願意繳交。

但是，台灣每年新增30萬名老人，其中有6～7萬人需要長期照護，平均每個老人在過世前需要五年（男性）或七年（女性）的長期照護。今日的年輕人，就是明日的老人，你我總有一天會走到這階段，發揮愛心、繳交長照保險費，既是幫助別人，也是幫助自己，給全台灣老年人一個安心的未來。

生存革命

49

願景工程：
台灣的幸福與挑戰

台灣人在某些方面是很幸福的，
但這些幸福也造成許多挑戰。
當務之急是建立制度性的保障。

成功常是挑戰的開始，若未能及時因應挑戰，就會成為失敗的開端。大從羅馬帝國與秦朝的滅亡，小至Konica、Nokia 走入歷史，莫不如此。更多的是富不過三代的家族，台灣曾經錢淹腳目、位居四小龍之首，是華人民主社會的典範，而今日呢？

長照需求與日俱增

從個人及家庭而言，台灣人在某些方面是很幸福的，

但這些幸福也造成許多挑戰。首先，由於公共衛生及健保的成功，台灣人從沒像今日這麼長壽及健康。1921～1928年，當時日本占領台灣已超過25年，男性平均餘命僅37歲，女性42歲，所以那時不流行離婚，只要稍微忍耐一下，不是你死就是我亡。目前全台灣男性平均餘命77歲，女性83歲，八成活過70歲，六成活到80歲，25％活到90歲，如果70歲以前就過世，還算是「夭壽」。若僅統計台北市，男性平均餘命則高達80歲，女性85歲。

因此，女性如果55歲退休，還要再活30年左右，就算是65歲退休，也要再活20年；男性也有25或15年好活。以往人生只有兩階段：20歲以前成長及學習，20～50歲成家立業，隨後迎接死亡，現在大多數人的人生有三階段：25歲前成長及學習；25～50歲工作及養育下一代；50歲之後漸漸退出職場，退休後平均可再活25年。但這種變化立即造成的挑戰就是：退休養老怎麼辦？

台灣人不但活得久，其實也活得好。很多人以為台灣老人多半失能躺在床上，實際上多數老人仍具備完整的生活能力（activity of daily life），即飲食、穿衣、洗浴、如廁、移動（用助行器及輪椅都算可移動）等能力。根據調查，92％的65～74歲長者都具備上述能力；75～84歲則有80％，85歲以上也有超過50％。整體而言，台灣只有16％老人喪失一項以上的日常生活能力，非要依賴長照服務不可。

2017年台灣65歲以上老人為314萬人，照理說應該只有50萬人需要長照，可是為何說長照需求為70～90萬人

呢？這是因為獨居者愈來愈多，雖具有基本生活能力，但缺乏工具生活能力（Instrument of daily life），例如自己做飯、洗衣、家庭清理、採購等，所以也需要外界的照顧。

借鑑北歐國家少子化經驗

人口愈長壽，老年人口愈多，社會的挑戰就愈多。一旦因應不及，台灣版《楢山節考》情節（將70歲以上老人棄於山上凍死）就會不斷上演。近年來台灣記錄在案，照顧者因未獲得適切的支持，結束其照顧親人生命的悲劇（包括夫殺妻、子弒母、兄殺弟、媳殺婆），至少有50件。

人口老化與少子化是一體兩面，台灣是世界上年輕人有偶率最低的國家；又因台灣生育多半是在婚姻狀態下，因此也是全球生育率最低的國家，多年來平均每名婦女一輩子生不到一個小孩（日本至少有1.4），也就是說，每隔一代人口就要減少一半。因此，少子化是人口結構老化最重要的因素。

生育率已經很低了，虐兒、棄兒卻十分嚴重。據內政部統計，登記在案的虐兒事件每年超過一萬件，每天將近30件，每年虐死大約30人；棄兒每年近500件，每天有將近兩通出養諮詢電話。這樣下去，台灣三十多年來壽命延長、經濟繁榮、自由民主的成功，反會成為失敗的開始。

北歐國家曾在1930～1970年代經歷少子化問題，但現在早就恢復平均每對夫婦約生2個小孩。他們之所以

能克服少子化，主因是願意負擔高額的稅賦（占GDP的30～40%，甚至更高），讓小孩由父母負責養育，轉變為由社會集體養育。

因此，在北歐及西歐，父母將一個小孩養育到20歲，只需花費可支配所得的10%左右，台灣則要66%。試想，若父母都只有月入三萬元，在台北要如何養育小孩？而小孩由家族共同扶養的時代早已過去，如今台灣已成為四不一沒有（不婚、不育、不養、不活，年輕人沒有前景）的國家。

難道台灣就沒有願景了嗎？早在2,500年前，《禮記》的〈禮運篇‧大同章〉，就描述過社會應有的願景：「人不獨親其親，不獨子其子，使老有所終，壯有所用，幼有所長，鰥寡孤獨廢疾者，皆有所養。」不少北歐國家不早就做到了嗎？

建立相互扶持的機制

由於少子化，加上工商社會家庭功能大幅退化，獨居人口會愈來愈多，個人一旦發生事故，常不能依賴家庭。此外，台灣因為政府貪腐、蓋太多蚊子館，導致人民不信任政府，不樂意交稅，稅賦只占GDP的13%，為現代民主國家中最低，政府提供服務的能力有限，這點從公立托兒所、幼兒園少得可憐，以及長照2.0已成芭樂票就知道。因此，民間社區團體「自救」是最好的方法。

台灣民眾具有豐沛的愛心，但由於長期民粹治國，導致人民以追求小確幸為樂，對建立制度性的保障制度興趣缺缺。

　　本人曾建議台灣女性可服務社會一年，協助照顧小孩及失能長者，馬上被酸民圍剿，認為這樣是歧視女性；但男性已服了70年的義務役、社會役，難道就不是歧視男性嗎？全球幾乎所有國家，服兵役者多為男性，幼兒園、托兒所照顧員則以女性為主，這是性別分工。

　　既然無法建立制度性的機制相互幫忙，家庭又漸漸失去功能，那就只好由互動較多的團體，建立相互扶持的機制。像是弘道基金會、老五老基金會、高發會等民間組織，就提供了長者「社會連結」。目前更組織全民造福（照服）時間銀行聯盟，各個參加聯盟團體，不論是社區、教會、公司、社團（如扶輪社）等，各自徵求內部會員或員工，經過一致的訓練及認證之後，提供團體內需要照顧者各項服務。

　　服務可以是失能長照，也可以僅是陪伴，包括聊天、閱讀、陪伴上街、採購、協助就醫等，或是對年幼子女及孩童的照顧。透過計算點數加以記錄，當自己需要時優先提領。

　　自助助人，就類同捐血後可優先接受輸血，但不必一對一對價。先在團體內辦理，因為平日互動頻繁，互信度較高，容易形成互助團體；未來再以跨團體為目標，創造沒有孤獨，也沒有棄老、虐老、棄兒、虐兒的祥和社會。

50

以社會儲蓄代替個人儲蓄

許多高稅賦的國家，儲蓄率都非常低，
但其實並非沒有儲蓄，而是用社會儲蓄，
亦即繳稅及繳保險費來代替個人儲蓄。

前往瑞典考察的意外插曲

記得1989年，就是天安門事件那年，我們正在規劃全
民健康保險。由於全民健保不是我們國家原有的制度，當
然要參考其他國家的做法。

那年由我帶隊，成員六人，包括台大公衛學院第五、
六任院長江東亮先生。參訪的國家當然包括了社會保險的
鼻祖德國。此外，就是實施國民健康服務制度（National
Health Services，簡稱NHS），達到全民健康照護（health

for all）的英國及瑞典。英國是由上而下執行健康照護制度，而瑞典則是由下而上的執行。

我們到瑞典那天是禮拜六，所以衛生部不上班，於是請旅遊公司派一位導遊帶我們觀光市區。第一站，他帶我們到市政廳，是一間紅色挑高的磚造房子。我們之所以會參觀市政廳，是因為瑞典什麼都不產，就產諾貝爾獎。導遊對我們說：「你們這幾個，這輩子，大概都沒有希望得諾貝獎。」

這地方是頒發諾貝爾獎的地方，最前面有個塑像，是一個皇帝戴著皇冠，而他腳底下踩了三個人頭，那三個人頭表情非常扭曲、痛苦。導遊接著說：「我們以前有皇帝，而皇帝是踩在人民的頭上，所以人民很痛苦，現在我們君主立憲，而且被公認是世界上國民所得很高的國家，社會祥和、人民勤勞，是社會福利做得最好的國家之一。」

從子宮照顧到墳墓的社會保障

瑞典並沒有因為社會福利辦得好，人民就懶惰。例如該國Volvo汽車工廠的生產線，第一線作業人員享有很高的自主性及福利，選自己的領班，每天決定想做什麼就做什麼，完全是人性化的管理，而生產的汽車價廉物美，極具競爭性，所以能夠賣得好。這就是從子宮照顧到墳墓（form womb to tomb）的國家。

導遊又說：「雖然我們現在是君主立憲的民主國家，

可我們的老百姓一樣痛苦，因為稅很高，我每賺100元，就要付稅金及社會保險費共70元給政府。」他這樣說其實在要小費，因為禮拜六他原本不用上班，但我要他來當我們的導遊，不能在家休息，收入又要交70%給政府；如果是旅客給的小費，則不用繳稅。

所以我一定要裝不懂，就是不給小費！我說：「難道瑞典不是一個民主國家嗎？人民舉手投票，就可以把這個稅降低了嘛！」他遇到我這無賴，一點辦法也沒有，只好說：「非常遺憾，我們就喜歡我們的社會保障制度，繼續當臉孔痛苦扭曲的人民。」

我當時非常震驚，並了解到什麼是了不起的民主國家，就是老百姓願意，而且政府有能力把老百姓身上的錢都挖出來。政府掌握很大的資源，並且重新配置，照顧民眾健康及弱勢，造橋鋪路，辦理教育。

這些高稅賦的國家，儲蓄率都非常低，拿到薪水馬上花掉，但其實並非沒有儲蓄，而是用社會儲蓄——繳稅及繳保險費——代替個人儲蓄。因為有的人沒能力儲蓄，有的人儲蓄失敗，而且個人累積的財富隨時可以搬離國家，但社會儲蓄是全民擁有。

1996年中共打飛彈，安定金融的就是當時的勞保等基金，只有落後國家才需要很高的個人儲蓄。全民健保實施後，個人及家庭就不必擔心重病所需龐大醫療的費用，只要平時交有限的保險費，減少儲蓄以備不時之需的壓力，就是這個道理。

51

如何讓社會福祉的效用
極大化？

社會資產如果集中給少數人，
其效用與帶來的福祉就少了。
這也是許多國家擔心財富分配不均的重點。

如果一個人有十部電視機

　　過去一百多年來，全球各國除了少數國家外，財富分
配是愈來愈不公平。現在全球最有錢的前1％，擁有全球
將近一半的財富。

　　為什麼我們要在乎財富分配的不公平呢？簡單舉個
例子，有十個人與十部電視機，電視機代表社會所有的財
富，從經濟學效用的角度來看，如果這十部電視機都給某
人，第一部電視機讓他得到快樂，可以看Discovery，也可

以看政論節目罵楊志良，這時滿意度可能是100；第二部
電視機則放在臥室，可是他在臥室大部分的時間都在睡
覺，得到的效用絕對少於100，第三部放廚房、第四部放
廁所，每部效用遞減，第五部乾脆不要了，因為家裡放不
下，所以每增加一部，效用就遞減。

財富分配不均，是社會福祉的損失

我在柳營奇美醫院當過執行長，就發現同樣的50元，
對某些人來講很多，便宜的泡麵可以買兩、三碗。但是對
台灣富豪郭台銘而言，50元掉到地上，他恐怕不會去撿。
同樣的錢對每個人的效用不一樣，也就是真正的價值認定
並不一樣。

所以，如果十部電視機代表社會的資產，我就分給
十個人，讓這些財產的效用得到極大化；如果集中給少數
人，社會資產的效用，以及所帶來的福祉就少了。這也是
許多國家擔心財富分配不均的重點。對整個社會來講，是
一個福祉的損失。我們財富不均可怕的程度，是富者朱門
酒肉臭，窮者三餐不繼。

也許有人會說我是左派，我承認，但我不是共產黨，
是而中間偏左，因為我認為除了健康及國民教育外，要享
受好的衣食住行，仍要自己努力，多勞多得。至於將來是
不是要強調有一點社會正義，則是我們要面臨很重要的問
題。

52

社會福利該不該排富？

政府資源有限，應評估財政紀律，
取消不合理、未排富的免費政策，
讓真正的窮人可享長久的福利。

天下沒有白吃的午餐

中小學校免費營養午餐、老人免繳健保費、公車免費、捷運高鐵半價等福利，有些是全國性的，但多數是由地方政府買單。因此，各縣市對於是否應該排富各有考量，並因做法不同而爭論不休。

每逢縣市長選舉，候選人為了爭取選票，紛紛提出各項免費政策，其中最重要者莫過於免費營養午餐。有些縣市（例如天龍國台北市）的富家子女，寶媽每天都準備

「好料」，甚至有不少零用錢，自行買漢堡、炸雞當午餐，根本「不鳥」營養午餐，每天午餐廚餘回收以噸計。

台灣貧富差距大，即使在蛋黃區，仍有窮苦人家以午餐廚餘做為主要食物來源。不過也有不少營養及教育專家主張應強制實施營養午餐，原因與排不排富無關，而是因為營養午餐經過設計，屬於教育孩童如何均衡飲食的重要「課程」，不少進步國家都是如此，要求孩童一律在校食用營養午餐，並且盡可能食用完畢。

然而，在2018年九合一選舉期間，全國校長協會批評「天下沒有白吃的午餐」，如果施行「免費」的營養午餐，勢必會排擠到其他教育需求，對學生造成負面影響；此外，「免費」一旦啟動就很難停下。其實，一個月500～600元的午餐費，大多數小康家庭都能負擔，而政府資源有限，未排富的營養午餐免費政策本就不合理，浮濫討好，未評估財政紀律，只會使地方財政持續惡化，並嚴重影響就學環境。

不公不義的福利必須取消

首先，在中小學全面實施營養午餐是必要的，這是國民教育重要的一環。除了學習均衡飲食外，在沒有營養午餐的年代，便當就有很多令人落淚的故事，不少貧困家庭的小孩羞於打開便當盒，也有不少老師或同學協助貧苦同學的感人故事。營養午餐對「平權」有正面的意義。

至於進步國家，免費營養午餐幾乎沒有排富的問題，因為國家稅收占GDP的比率，都比台灣的13%多出許多，例如歐盟是35.7%，是台灣的兩倍多，而丹麥是50.8%，芬蘭是54.2%，法國是47.9%，德國是44.5%，就連日本、韓國也分別有35.9%與33.6%，均遠遠高於台灣，就連想要統一台灣的老共也有20%。

　　稅賦高的民主國家，富人已盡了有所得就交稅的責任，若要排富，還要花許多成本去定義及「發現」哪些是富人，實在多此一舉。但像台灣這樣的「鬼國」，要是不排富，就會如全國校長協會所言，排擠其他施政，特別是教育經費。

　　那些稅率占30%以上的國家，特別是40～50%的民主國家，能收那麼高的稅，必然是政府清廉，幾乎沒有貪汙及蓋蚊子館的問題，而且稅制透明、公平，否則早就被民眾用選票轟下台且改變稅法了。由於稅賦高，所以有本錢降稅，讓老百姓多留些錢在口袋裡自由運用。台灣稅制不公不義、貪瀆盛行，蚊子館到處都是；一談到發展經濟，工商大老開口就是降稅，而非如何改革稅制，就是一群貪得無厭、敗家亡國的財閥。

　　為騙選票而實施不公不義的福利，要收回難如登天。本人在軍公教年改前曾經為文，主張退休軍公教的生活尚過得去，公車免費、高鐵與捷運半價應取消及排富，讓真正的窮人可享長久的福利（日本、北歐各國多無免費或半價），結果被軍公教罵到臭頭。

今日更不用說了，這些「福利」在幾年之後，當台灣成為有20%老年人口的超高齡社會後，要如何持續？青壯年人口不斷減少，卻要負擔如此沉重的「福利」支出，等到他們年老時，這些福利也早就垮了，屆時豈能不「革命」？台灣今日藍綠惡鬥只是小事，未來十年的代間惡鬥才是大事。

53

教育資源再分配

教育是翻轉底層人生的重要道路，
而教育不公是導致貧富差距加大的最關鍵因素，
應消弭公私立大學的學費差距，增進社會公平。

高等教育嚴重階級化

大多數人都同意，東西貴不一定好，但便宜一定沒好貨。台灣不論公、私立大學，每位學生分配到的資源，均大大不如日、韓、星、港。大學教育不僅人數不斷減少，師資、設備也愈來愈不如人，當然吸引不到一流學生。

前台大校長李嗣涔在任時，有鑑於政府教育預算有限，提議台大學費應酌以增加，當場被學生噓爆。我身為台大教授30年，感到羞愧，也許學生們不贊成校長調高學

費，但我非常支持。本人離開公職後，在2011年4月承蒙李校長邀請，以台大退休教授身分在「我的學思歷程系列講座」演講，力挺李校長的想法。

台、清、交等績優公立大學，學費只有私立大學的一半，而且每位國立大學生分享到的政府補助，又遠遠高於私校學生。而台灣的高等教育早已嚴重階級化，各方多有研究報告，台大近半的錄取名額，是台北市蛋黃區高中生，其他著名國立大學的學生，絕大多數是六都的著名高中畢業。這些學生不全是因為資質高人一等或特別努力，而是家境普遍較優，從小得到較多的資源挹注；而有同樣資質也很努力的學生，由於起跑點不同，只能讀私大，他們的父母在同樣的制度下交稅，卻要負擔貴一倍的學費，何等不公？

像台大這樣的一流大學，除了高稅賦國家外，大概沒有這樣低廉的學費。當然，上天有時是公平的，富家子弟開超跑、喝美酒、載美眉，半夜開車撞牆；而背學貸、在便利商店打工到半夜，因過勞而騎車失神撞電線桿的學生，兩者均送到同一急診室，健保待遇也相同。

調整學費，增進社會公平

教育是翻轉底層人生的重要道路，而教育不公是導致貧富差距加大的最關鍵因素。

因此，我在演講中主張台大學費增加至少一倍，我相

信多數台大學生的父母仍願意支付。對於考上台大的中、低收入戶學生，則給予高額獎學金，例如只要成績在前半段，免除學費並提供每月生活費一萬元，成績前10%者則每月給兩萬元，支持這些學生全心全力學習。而從公立大學多收的學費，則全部用來調降私校學費，增進社會公平，減少貧富差距。我的演講說理清晰，因此獲得台大同學的認同與掌聲。

貧富差距擴大是歷屆政府的共業。2018年小英宣稱在其施政下，經濟指標20年來最好，馬上被打槍，因為貧富差距是重要的經濟指標，稅制不公，使得經濟成長僅屬於少數人，富者愈富，廣大民眾可能更窮了，也難怪綠營在同年的九合一選舉慘遭滑鐵盧。

每次教育部說要調整學費，學生就會前去抗議。這些同學大多充滿熱情（如太陽花），但思辨能力常常不足，其實真正要抗議的對象，應該是財政部才對。因為財政部無能，稅制又不公，所以想要提升教育經費，只能透過調漲學費。

台灣民眾愛心一流，卻在國家制度上最不互相幫助，稅收只占GDP的13%。在民主國家，稅收的GDP占比，是國家優劣的最佳指標，北歐國家的稅收占30～50%者比比皆是。想要讓人民樂於交稅，前提是政府有效率、公平、公正、不浪費，讓老小弱幼都得到良好的照顧，民眾才會覺得交稅值回票價。依此標準來看，台灣是個下三濫的國家。

台灣稅改難如登天，要加稅必然人人開幹，企業也一定以「出走」要脅。全台灣私校學生及家長至少有200萬人，想獲取民心的政治人物，不妨大膽提出公立大學漲學費、私校減學費的政見吧！

54

拿了社會資源
就該服務社會

過去台灣的社會流動非常好，
現在只有好家庭出身才能有好機會，
這是不符合社會正義的。

來來來，來台大；去去去，去美國

有一年，我教牙醫系的生物統計學，學期結束前的最後一堂課，同學們給我鼓掌，這是給我一個榮譽，因為自己學院（那時是醫學院，還沒有公共衛生學院）的老師，通常在學期結束時沒有鼓掌，畢竟是應該的嘛！老師就該好好教。

那時我做醫事人力研究，有一些數據，於是問這些學生：「你們知不知道，在台灣服務的牙醫師，台大牙醫

系畢業的同學有幾位？」他們表示不知道。我說：「不是7,000個，不是700個，是7個。把這7個台大畢業的牙醫師統統丟進太平洋或台灣海峽，對台灣民眾的口腔健康幾乎沒有影響。」接著我感嘆的說：「我做一個老師，如果有一點良心，應該辭掉台大教職，到中山醫專（後來的中山醫學大學），他們牙醫系學生很多，老師很少，我應該去教他們，因為他們真正在服務社會。」

在政府推動十大建設的時候，前經濟部長趙耀東也曾批評過台大，說那時最好的工程師，是成大跟台北工專（今台北科技大學）的畢業生，幾乎沒有找到台大畢業的學生，可是台大卻得到最多社會寵愛，得到最多社會資源，不管是政府預算或民間捐款都最多。

以前台大醫學系，100個畢業生有80個去「援助」美國。那時美國有個美國醫藥援華會，捐了一些錢蓋醫學圖書館；但我們捐了好幾倍的錢回去給他，因為美國用了台灣最好的人，這些人才拿到家裡最多支持跟國家的資源，然後去幫助美國，留在台灣的只有幾位，像是前台大校長陳維昭。至於像我這樣的人，如果今天才留學回台灣的話，不要講台灣大學，亞洲大學都不要我。

教育資源分配需符合社會正義

我覺得自己做對的一件事，就是在美國畢業時，雖然很多同學勸我留下來，但我還是決定回來。我畢業前最後

幾個月的獎學金，是一個月800美元，回台大當講師，是4,000台幣，那時匯率是1：40，所以就只有100美元。因此有些前輩雖然回來，但之後又走了，我是第一個拿到博士學位，又願意長期留在台灣，所以我的機會比人家好。

我覺得台灣人要有一點對社會正義的感知。過去台灣的社會流動非常好，只要努力，大家都可以有好的發展。現在不一樣了，只有好家庭出身才能有好機會，有才華但沒背景的人，反而沒有機會，這是不符合社會正義的。

我看過一個報告，指出台大學生絕大部分住在台北市，據說是六成，一般來說家庭比較富裕；而亞洲大學的學生，平均來說比較弱勢，卻要繳比較高的學費，他們家庭繳稅並沒有比較少啊！難怪前台大校長李嗣涔說：「台大的學生，應該要繳合乎成本的學費，而一部分政府也補助了，然後對於真正困難的同學，要給予全額的獎學金。」對此我百分之百支持。

他是對的，但是他好像被同學嗆，如果真是同學嗆的話，我身為台大畢業及台大的教授，感到羞愧。也許學生們不贊成校長要調學費，但我非常支持，而且這跟我也沒有關係，因為我在台大兼課沒拿一毛錢。只是既然享有較多的社會資源，本就該多付出一些，這才符合公義。

55

非懲罰單身，是照顧家庭

單身者更依賴社會的照顧和支持，

一旦社會福利制度崩壞，

受到的影響遠遠超過有家庭的人。

　　幾年前媒體報導我的談話：「單身、有錢人，應該多
繳稅。」當時我接獲不少單身朋友的抗議，說這主張是
「懲罰單身」，氣憤質問我：「單身到底何罪之有？」「為
何對單身者這麼不公平？」

　　單身當然無罪，每個人的境遇皆不相同，每種人生規
畫都需給予尊重。只是人是社會性的動物，必須高度互相
幫忙、繁衍後代，才能生存下去，所以有能力的人多付出
一些，照顧弱勢者，非但是一項高貴的情操，也是社會穩
定發展必要的安排。

以單身和家庭兩個族群來說，家庭因為承擔了生兒育女、繁衍後代的責任，負擔較重，是弱勢；相比之下，負擔較輕的單身，就是有能力的人。所以我主張單身的朋友多繳一些稅，目的是讓家庭可以少繳一些，減輕負擔、獲得資源，安心養育下一代。

建立支持家庭的福利制度

等到這些單身者步入老年，成了需要被照顧的弱勢時，當年他們幫忙養育，後來長大成熟的下一代，就成了有能力的人，同樣會回過頭來付出、回饋，負擔起社會正常運轉需要的勞動力，繳稅給政府，讓年老的單身朋友可以安心養老，繼續享受老人年金、公車免費、捷運半價等老年福利；生病的時候，也有青壯醫護人員提供醫療照顧、長期照護，這才是終極的公平正義。

很多單身朋友認為，正因為自己老了之後無人奉養，更應該趁年輕多存一點錢，所以不願多繳稅。這想法不能說不對，但是風險很高，因為個人儲蓄常常失敗，每個人的儲蓄能力也不同。

最穩當的做法，是透過公平的「量能課稅」稅制，將錢統一運用在建立福利制度、支持家庭，也就是用社會儲蓄彌補個人儲蓄的不足。

台灣的生育率急速降低，人口快速老化，所有的社會福利制度即將崩壞。若這一天真的到來，單身者受到的影

響遠遠超過有家庭的人，因為他們更依賴社會的照顧和支持。所以單身者多繳稅，建立友善的環境，讓更多人樂意生兒育女，最終受惠的，還是自己。

56

健康員工，幸福國家

> 工時愈長的國家，多不是生產力最高的國家，
> 可以鼓勵員工做好時間管理，
> 以更有效率的方式來達成原有的成果。

各異其趣的工作文化

根據經濟合作發展組織（OECD）對39個國家的長期統計顯示，墨西哥是2014年受調查國家中工時最長的國家，年總工時是2,228小時，同為拉丁美洲國家的哥斯大黎加以2,216小時居次。

韓國的年總工時雖然在政府的積極引導下，相較2000年的2,512小時減少數百小時，成為降低工時最快的國家，但仍達2,124小時而排名第三。

希臘與一般人認為的悠閒成性不同，以2,042小時位居歐洲國家之首，也是全球排名第四；德國則是年總工時最少的國家，只有1,371小時；相較之下，美國的1,789小時還高出OCED會員國平均的1,770小時。

　　國內經常引用這項統計來比較我國勞動時數，但全世界工時最長的地區，是不在OECD統計內的新加坡及香港。新加坡以2,389小時登上全球工時最長的寶座，香港的2,252小時居次。台灣年總工時2,150小時，也是名列前茅，被戲稱是另類的台灣之光。

　　台灣、新加坡、香港、韓國等國家地區人民勤奮努力工作，被認為是儒家文化資產及價值觀的體現，老闆普遍認為付薪水請人，員工必須為公司賣命，並且聽命於主管；而西方工作文化則認為，員工是為公司創造盈餘的資產，必須善待，兩者有很大的不同。

　　除了觀念差異外，各國法律對於工作待遇及勞動條件的保障及嚴格執行，也讓身處海外的我國駐外館處特別有感觸，一方面必須遵守當地法令，善待當地雇員，該下班的時間不能勉強加班，該依規定給加班費就給，該給補休就讓補休，以免被當地雇員告上法院，勞民傷財又損國格；但另一方面，國內外派的人員則像是不打烊的便利商店，上班打卡制，下班責任制，沒加班費也沒補休，即使休假但人在辦公室加班，也沒得抱怨，一樣為國家的外交努力。

彈性工作選擇，促進社會健康

　　根據報導，法國及德國已採取行動，主管除了緊急情況外，不得在早上9點前、晚上6點後傳電郵給員工；德國勞工局長接受採訪時明白表示，他們的研究發現，下班後收發電郵確實會對員工心理健康造成不良影響。

　　瑞典的護理及資訊業更進一步，推動每日工時減為6小時的實驗做法，結果發現縮短工時有助於提高生產效率，同時可減少不必要的爭執，員工有更好的團隊合作，公司氣氛更和諧，也降低員工離職率。

　　不僅私人企業，比利時聯邦社會安全局為減少員工過勞（burn out），推動每週最多三天在家工作制度（working at home），搭配全面文件電子化、無固定式座位動態辦公室（dynamic office），採用這些創新措施後，減少70％的辦公空間需求，每年能省下600萬歐元，節省紙張及通訊費分別高達55％及80％。員工能自行決定何時、何地及如何工作，組織吸引力大幅提高，成為政府最受歡迎工作單位第三名，並降低離職率50％。

　　從統計可見，工時愈長的國家，多不是生產力最高的國家，台灣就算不減工時，至少可以鼓勵員工正常上下班、減少加班，用更好的時間管理、更有效率的工作方式來達成原有的成果。更重要的是，當國民有足夠的時間從事工作以外的休閒，包括家庭生活、社會生活等，整體社會發展會更健康、更有長遠益處。

我們也從比利時的做法看到，在家工作運用得宜，可以減少員工的離職率及節省開銷，且為因應跨世代工作價值觀差異衝突的挑戰，對X世代的帶人帶「薪」策略，勢必要調整成帶人帶「心」，而給予員工彈性工作選擇，下班後不再打擾生活，正是貼近Y世代「工作是為生活」思維的做法，有利於留住員工。

　　而且如果有建立在家上班機制，至少在颱風天時，地方首長也不必再吵成一團，為放個颱風假而覺得愧對國家民族了吧！

（本文與藍先茜共同執筆）

57

請聆聽基因的呼喚

養育子女是一項短空長多的工作，
非常辛苦且責任重大。
但不如此，台灣就沒有希望及未來。

繁衍是與生俱來的本能

自然界所有物種為了延續生命，最重要的就是求偶、繁衍後代，對較低等的生物來說，這甚至是生命的唯一目的。而且這些技巧、方法通常不需要親代的教導，是與生俱來的本能，也可以說是基因的呼喚。

當然，出生之後還必須成長。大自然很是奇妙，愈低等的動物，每一胎生育的數量愈多，親代的照護愈少；愈高等則相反，每一胎數量愈少，而親代的照護愈周全。

比如魚類，一次生下數萬到數千萬個卵，但基本上母魚只負責生，不負責養，卵生出來之後就「放水流」，所以絕大部分都被其他大魚吃掉了，能否孵化、長大，全憑運氣，多生多死，浪費生命。但哺乳類動物就不同，每一胎生產的數量不多，例如獅子一胎只會生四隻左右，大象更只有一隻，但對子女善加哺育，照護期很長，小獅子16個月大之前不能離開母獅子，要到兩歲半才能完全獨立生活；學到的本事多，自衛的能力強，雖少生但少死，生命獲得尊嚴。

　　更重要的是，高等動物常不只養育自己的子代，也協助養育相近基因的子代，有群體共同養育的特性。一群母獸共同養育小獸，互相補位、幫忙，目的就在提高小獸的存活率，維持物種的生存與強盛。

　　人類更不用說了，「男大當婚，女大當嫁」，為的也是繁衍後代。父母對子女呵護備至，撫育教養，時間可長達二、三十年，目的就是希望後代能平安健康成長。

　　我們不但全力延續自己的基因，也盡力保存相近親屬的基因，全世界不論哪個種族，對親朋好友結婚、生子，都視為喜事，不但有各種慶祝儀式，大家還出錢、出力幫忙，而且血緣愈親近資助愈多。也常有父母不在了，長兄、長嫂照顧年幼弟妹，或是親戚接濟孤兒寡母的美談。北歐國家則是大家同意交重稅以支持家庭，因此普遍結婚生子，一位育齡婦女平均生育2個孩子，社會得以永續。

友善家庭，許台灣更好的未來

　　但是近年來，台灣卻瀰漫著一股「不婚、不育」的氛圍，出生率急遽下滑，人口結構快速老化，這代表我們的社會出現一股比基因呼喚更強大的「邪惡力量」，阻礙育齡男女實踐他們的本能。

　　這股邪惡力量的出現，其實也不能怪別人，就是在這塊土地上的人自己造成的。不管是政府各項短多長空、對家庭十分不友善的政策，還是貪婪自私的商人製造黑心油、毒澱粉、化學食品，結果就是讓人產生深深的恐懼，認為這是個危險、不適生存的環境，在其中養育下一代，是負擔、是壓力、是麻煩，而且會害了下一代。

　　養育子女是一項短空長多的工作，非常辛苦且責任重大，但不如此，台灣就沒有希望及未來。人類是具有高貴情操的物種，歷史上有多少先烈先賢，甚至甘願犧牲性命，替距自己基因更遠的全體人類後代，爭取更好的生存環境。我們生活在現代社會，自身生存已然無虞，則更應該發揮大愛，互助合作，一方面嚴格監督政府廉能施政，同時多支持各項福利政策，以幫助年輕人對抗邪惡力量、順從基因的呼喚，成家生兒育女，以延續台灣的生存與競爭力。

58

關懷一下周遭的人吧！

有時只要幾句噓寒問暖，就能救人一命，
付出甚微而收效甚大，
何樂而不為呢？

人際網絡是甜蜜的麻煩

近幾年每逢年關，有時聽到的不是歡天喜地的吉祥話，反而是抱怨與擔憂。有些人雖不是家大業大，但親朋好友一堆，過起年來手忙腳亂，忙著清掃房屋、採購送禮、準備年夜飯，搞不好還要到超級停車場（高速公路）停個幾小時，更糟的甚至還得在路旁小解一番；幸而此時眾人都「相忍為國」，尊重隱私，不會用手機亂拍一通。也有為人媳婦者，想到一大家子的年夜飯，以及前來走春

親友的飲食吃喝，便頭皮發麻，不由得心生離婚之意。

　　各種煩心事不免讓人感嘆，年不過也罷！假不放也罷！不但累得半死，還要花錢包紅包。其實這些都該算是「甜蜜的抱怨」，代表個人擁有綿密的人際網絡，也就是有很好的家庭、社會支持，是幸福的。另一方面，人是社會的動物，因被他人期待、需要與依賴，才有尊嚴及價值。

　　相較之下，台灣有愈來愈多的「個體戶」，獨居老人、宅男宅女、光棍、養育幼兒的單親媽媽等，逢年過節時的處境，才是應該特別加以關注的。每逢佳節倍思親，若又遇到陰雨綿綿又濕又冷，成為孤島的個人不免憂鬱，此時往往是自殺的高峰期。

付出關懷，溫暖孤獨的心

　　台灣自2000年起，自殺人數不斷增加，從兩千多人到2006年高達四千多人，後經社會各界不斷努力，稍有下降，但2012年仍有3,766人——這只是自殺「成功」的人數，曾試圖自殺但未遂者不知多少倍於此。

　　分析自殺原因，以「憂鬱傾向」為大宗，「家庭或成員問題」及「感情」分居第二及第三。其實「憂鬱傾向」為果而非因，遇到困難卻缺乏社會支持，才是主要原因。

　　社會支持及人際關懷絕對能減少很多生命的損失，因此富有人情味的華人社會，不但遊子要返家團圓過年，已成家者也經常會在年節邀請光棍朋友、外國友人一同圍爐

吃年夜飯。這是分享友誼及親情，也是非常良善的社會風俗。

　　台灣是具有高度溫情的社會，不要吝於伸出你的手，請多多關懷身邊孤單無助的人。不管是社區中獨居的左鄰右舍，或是年輕的單親父母，哪怕只是分享一袋水果，送上一斤白米，都能溫暖很多孤獨的心。有時甚至只要幾句噓寒問暖，就能救人一命，付出甚微而收效甚大，勝造七級浮屠，何樂而不為呢？

　　至於為年節往來酬酢所苦的人，也請換一種眼光，好好看待這種熱鬧的氣氛，這是很多人求之不得的珍貴資產，請多加珍惜！

59

吃人一口，至少還人半口

早年外國傳教士在台灣偏遠地區艱苦付出，
如今新冠肺炎席捲全球，
台灣曾受人無私的幫助，正是時候有恩報恩。

俗話說：「吃人一口，還人一斗。」如果還不了一斗，還一碗也是心意；如果連一碗都還不起，那還半口總可以吧！這才是台灣人知恩圖報的人情義理。

早年台灣醫藥衛生落後，偏遠地區更是如此，許多西方國家具醫療背景的傳教士來台協助，分別來自加拿大、挪威、美國、義大利、瑞士等，名單可以列出一長串。

1990年，具有醫學專業、資歷及熱心社會福利的立委們，組成跨黨派的厚生會與厚生基金會，每年頒發醫療奉獻獎。直到近年，獲獎者仍大多是早年來台的外籍人士，

再加以查考，其中以義大利人最多（請見表一）。八位得獎義國人士中，最早是於1952年前來，最晚則是於1971年來台，至今也有半個世紀。他們在台灣最艱困的時期，於包括澎湖在內的偏遠地區設立醫療機構，出錢出力、盡心盡力，可說對台灣有大恩。而我也因為特別的因緣，有機會與他們相處相知。

表一　醫療奉獻獎歷屆義大利籍獲獎者

項次	屆別	名字	國籍	年齡	來台時間	服務單位	備註
1	第一屆	何義士	義大利	75	民國42年	天主教靈醫會馬公惠民醫院	歿（義大利1924-台灣1999）
2	第五屆	呂道南	義大利	85	民國50年	天主教靈醫會羅東聖母醫院	歿（義大利1933-台灣2018）
3	第九屆	馬仁光	義大利	88	民國41年	天主教靈醫會羅東聖母醫院	歿（義大利1922-台灣2010）
4	第十屆	柏德琳	義大利	86	民國45年	天主教靈醫會羅東聖母醫院	歿（義大利1934-義大利2013）
5	第十一屆	李智	義大利	94	民國43年	天主教靈醫會羅東聖母醫院	仍在台服務
6	第十一屆	裴嘉妮	義大利	77	民國55年	天主教仁愛啟智中心	現職：仁愛基金會擔任顧問
7	第十四屆	傅立吉	義大利	77	民國60年	天主教靈醫會羅東聖母醫院	2019年返國
8	第二十七屆	卡通靈	義大利	81	民國52年	天主教靈醫會羅東聖母醫院	仍在台服務

資料來源：財團法人厚生基金會

與教會醫院的往日淵源

1990年，第一階段全民健保規劃完成，我從經建會歸建台大公共衛生學院。當時醫院管理成為「顯學」，台大設立「醫療機構管理研究所」（後整併為「健康政策與管理研究所」），由我擔任第一任所長，並在此時期結交了兩位「損友」。

首先是楊敏盛先生，他要我擔任中華民國醫院協會祕書長。我認為疾病分類是醫院管理的基礎，便在台大、馬偕病歷室主任協助下，辦理疾病分類人員考試。因為辦理嚴謹，證書普遍為公、私立醫院認可，成為病歷室人員任用的重要資格證明及敘薪加給，這是極少數由民間辦理，並受到公立醫療機構認可的證書。

在協助醫院協會期間，我遇到另一位「損友」成亮先生，當時他擔任埔里基督教醫院行政副院長，前來拜訪我，認為更需要協助的是教會醫院。由於全民健保尚未實施，這些神父、修士在偏遠地區行醫，艱苦付出，收入卻十分有限，需要從母國及台灣募款。

那時基督教與天主教各自設有教會醫院協會，理事長分別為馬偕醫院吳再成院長，與耕莘醫院乳房外科醫師陸幼琴修女。在成亮兄的遊說下，二個教會醫院協會合併，由成亮兄擔任祕書長，邀我義務擔任顧問（好像後來再也沒有此職）。我們自行開車拜訪每間教會醫院，提供醫院經營管理的意見，說明未來實施全民健保的願景及因應之

道。因此，我大概是全台灣教會醫院的「住院紀錄」保持人，因為除了馬偕醫院與耕莘醫院外，其他教會醫院都不在台北，為節省經費，我皆捨旅館而借住醫院空床。

我自認對信仰完全是「朽木不可雕也」，所以提出條件：不可對我宣教，但用餐時可以參加禱告。而關於用餐和禱告，我還發現一件趣事，就是如果那一餐食物簡單，只有兩片吐司及一根香蕉，禱告時間就很長；如果豐盛，時間就比較短（請教會人士別生氣，這也可能是個人的心理錯覺）。

我跟這些神職人員交往，發現相果然由心生，總覺得他們特別莊嚴動人。某次帶還在讀小學、經常不受控的女兒一同前往拜訪，午餐十分簡便，但她看到修女們對病患如此無私奉獻，竟也正襟危坐起來。

受人點滴，湧泉以報

我在台大任教期間，有機會跟隨林家青教授，學習電腦在醫學院統計上的運用，有師乃通，沒上過一天正式課程，居然也跟幾位研究生開發了一套公、勞、農保費用申報的軟體，大受教會醫院歡迎；也曾購買個人電腦贈給東部的醫院。跟這些教會醫療人士交往，除了心靈獲得無上滿足外，還受神父、修士招待喝些紅酒（據說葡萄酒正是神父所發明），澎湖惠民醫院的何義士修士滿臉大鬍子，他的紅酒特別令我懷念。

　　　　　　　　　　　　　　　生存革命

新冠肺炎席捲全球，義大利的疫情特別嚴重，台灣曾受人無私的幫助，正是時候有恩報恩。2020年4月，我為天主教靈醫會[6]發起集資1,100萬元，購買並贈送十萬個N95口罩給義大利醫療單位，這比起他們在台灣偏鄉超過半世紀的付出，當然不及千百分之一，僅能算是略盡棉薄之力而已。

　　行善本應不欲人知，但受疫情影響，大家多有財務困難，我只好高調拋磚引玉，捐出20萬元，算是還了大鬍子的一口紅酒。結果出乎意料，最後總共募得1.6億元，幾乎是原本目標的15倍！我為著能替義大利盡一份心感到開心，同時也為台灣人感到驕傲，台灣因為你們而偉大！

6　靈醫會是梵蒂岡教宗轄下的一個組織，在許多國家設有分會，我曾以中華民國衛生署長身分，受邀參加全球靈醫會年會。

60

建立我為人人
人人為我的祥和社會

透過兵役與社會役為國家與社會付出，
有助於建立「我為人人」的社會，
台灣才有未來。

服兵役，展現保家衛國的精神

　　瑞士是永久中立國，新加坡也沒有外患，男性卻都
要服義務役，更不用說有外在威脅的以色列，幾乎全民皆
兵。國防的目的不在戰爭，而是因為有適切的軍備，才能
維持和平。20世紀若沒有美俄的恐怖軍力平衡，第三次世
界大戰早就開打了。

　　台灣的主要政黨——國民黨及民進黨——是兩個民粹
政黨，馬、扁合作將徵兵制改為募兵制，讓年輕人「爽」

以騙取選票，結果導致募兵人數不足，平均水準也降低，然後說中共打來，美軍會救援。自己人都不肯犧牲，卻想要老美子弟為台灣打仗，實在可笑之至。

或許有人會說，現代戰爭主要是靠科技，按按鈕就好。然而，以色列軍事科技世界數一數二，卻是全民徵兵，還包括女性，因為需要有高學識的青年去操作武器。試問今日多少高科技飛機維修人員，甚至怪手、大貨車司機及民間各項技術人員，都是在軍中學成的？有多少男兒是在軍中學會什麼叫服從、合作及團隊精神？早年一些雇主徵求員工，非服過兵役者不用，道理就在於此。

服社會役，成為安定人心的助力

至於女性，平均餘命直逼85歲，人生如此之長，建議不妨以一年時間服社會役。工作可以是協助照顧孩童，特別是父母有困難者，包括單親、受虐、棄兒等特殊處遇；或是幫助一般母親，使她們有喘息甚至安心就業的機會；又或者幫助失能、失智者，即使只是陪伴孤獨長者，對社會祥和也有很大的幫助。當然，在服社會役前，需要從事身心及能力的培訓，這也是生活技能的一部分。

以往這項提議常被若干女性罵到臭頭，說是男性沙文主義。當然許多男性能當優秀的奶爸，也有不少女性是巾幗英雄，不過基於人體結構及生理機能，全球服兵役者多以男性為主，照顧子女及老弱多以女性為主。實務上如何

區分，仍有討論空間。

　　目前的台灣在政客操弄下，為選票大放利多，讓「人人享權利」、「個個爽歪歪」，人人為我，我卻不用付出，國家不斷衰亡，成為最不婚、不生、不養、不活、虐兒、虐老的社會。所以我認為不分男女，都透過兵役與社會役為國家與社會付出，將有助於建立「我為人人」的社會。如此，台灣才有未來。

三、

完善保健醫衛

61

控制疫情的重要關鍵

顯然我們還必須與新冠病毒奮戰，
到底要多久很難預測，
關鍵是維持醫療體系的量能及士氣。

新冠肺炎至今造成全球億萬病人痛苦哀號，成千上萬醫事人員呼天搶地，詢問防疫物資在哪裡？俗話說：「天作孽猶可違；自作孽不可活。」此次全球生命損失、經濟衰退、痛苦提升，重要禍首不外乎習近平、譚德賽、川普，以及白人的種族偏見四大寇。

當偏見大過專業

有怎樣的領導人，就有怎樣的官員。荒謬的武漢、湖

北官員隱瞞疫情，無不是因習近平的造神領導所引起，竟還敢大言不慚，自誇如何英明指揮抗疫，成效非凡，著實讓人傻眼。

WHO祕書長譚德賽更不用多說，把專業拋諸腦後，大捧習近平，還鼓勵大家去中國旅遊，若有點武士道精神，早該切腹了。

又笨又蠢的川普，從2020年1月上旬收到中國的新冠病毒通知，到1月23日武漢封城，再到美國大爆發，至少有兩個月可以預做準備，他卻完全不以為意。美國的CDC預算連續被砍，人才四散，費用被挪去建美墨圍牆，殊不知病毒只有20～30奈米，穿牆入戶輕而易舉，蓋圍牆哪裡有用？

美國人口是中國的1/4，2020年4月上旬染病人數就是中國的三倍，死亡人數則是兩倍（就算中國的統計有黑數，美國疫情更嚴重也是不爭的事實），至今染疫者更達數千萬，這哪能算是世界第一強國？川普的發言一再推翻自己之前說的話，但民調仍有五成，可見美國民粹及愚笨程度，也是名列前茅。

再來是白人的種族優越，認為黃種人（不論中、日、韓、台、星等）都是帶病毒的低下人種，白種人高尚不會得病。可惜新冠病毒不長眼，分不清皮膚顏色，在未防範下大炸鍋，這才發現戴口罩可救命；封城後搶物資、搶口罩的情況，絕不亞於台灣人。

台灣是否也有大小眼呢？陳時中同意在武漢解封後，

國人可搭包機返台。完全沒有誠信又敗選的蘇貞昌「蘇假蔡威」，硬要這些國人多乘十幾個小時的車，增加風險及費用，到上海搭「類包機」；對於自歐美返台的留學生，則大開方便之門。結果歐美返台的國人，是否有比大陸返台者更遵守「防疫措施」呢？結果顯示並非如此。

優先穩住醫療體系

台灣距中國大陸最近，人民與貨物往來頻繁，第一波疫情爆發卻受災最輕，防疫人員功不可沒。鑽石公主號二千多人在台灣北部趴趴走，卻沒有一位台灣人因此中鏢，病毒直到日本，才成熟發作「炸」了船；寶瓶星號從基隆出發，未能停靠沖繩只好返台，幸好無人感染。2021年5月疫情突然爆發，醫療量能一度瀕臨崩潰，但在全民的配合下，終於逐漸受到控制。

顯然我們還必須與新冠病毒奮戰一段日子，到底要多久很難預測，關鍵是維持醫療體系的量能及士氣。醫療院所為了充足防疫物資，成本會增加，但病患減少。雖然在總額支付下，未來點值會上升，但彌補不了減少的掛號費及自費項目收入，故應在醫療院所正常開診下，給予去年同期的收入。未來疫情結束後，病人必定暴增，點值會下降，此時應給付去年同期的點值。這不是在維護醫界的利益，而是讓他們能無後顧之憂去照護全國民眾。

2003年的SARS，只比2009～2010年的H1N1多奪

走兩條人命，流感的病患數目更比SARS至少多百倍，但為何SARS會讓國人如此驚恐，至今記憶猶新？正是因為醫事人員傷亡慘重，醫療體系崩壞，因此世界各國莫不優先防範此事。再者，全球疫情若不得控制，台灣也永無寧日；行有餘力，世界本一家，也應盡力協助他國抗疫。

62

學習與新冠病毒共存

全民必須認知到，
在疫情完全得到控制之前，
我們勢必要與新冠病毒相處一段時間。

　　萬物相生相剋，沒有任何物種能永遠獨霸，因為必定會破壞生態鏈，反使獨霸物種自取滅亡。

　　每個物種內建最強大的基因，就是要盡一切努力，將基因無限繁衍下去。新冠病毒的傳染力（繁衍力）很強，被評估為SARS的好幾倍，但致死率較低，比流感病毒（例如H1N1）高，卻不會將宿主趕盡殺絕，因此可以在人類這種新宿主上大量繁衍，擴大自己的「地盤」。此外，新冠病毒潛伏期長，且存在無明顯症狀卻有感染力的帶原者，所以是非常成功的物種。

由於中國大陸隱瞞新冠疫情，失去第一時間管控的機會，造成武漢、湖北，以至於整個中國「炸鍋」，甚至禍害全球。多數專家認為台灣因為距離近、同文同種（雖然政治體制完全不同），加上多年來人員與物品大量交流，疫情必然最為嚴重。所幸因為防疫人員及全民的努力，新冠疫情雖然一度蔓延，但跟重災國家相比還算和緩，已是難能可貴。

面對疫情的建議

但台灣不可能完全鎖國，隔離於全球，因此全民必須認知到，在疫情完全得到控制之前，我們勢必要與新冠病毒相處一段時間，問題是該如何做？以下為個人淺見，供各界參考：

1. 政府必須承認三零目標（無不明個案、無社區感染、無死亡）陳義過高，訂定合理目標，亦即不爆發大規模感染，避免民眾恐慌。
2. 將新冠肺炎所知相關資訊宣告全民，包括傳染力較SARS高，死亡率較SARS低但比流感高。傳染途徑主要為噴沫及接觸，感染對象以老人、有慢性病及重大傷患者為主，青少年、幼兒除非有特殊狀況者，為低感染群，萬一感染也低死亡。
3. 防疫物資以醫事人員、病患照顧者、服務人員及高

感染風險者為優先。

4. 除積極參與國際研發藥物及疫苗外，對第一線醫師加強宣導及診斷 SOP。流感盛行期應每日對數千名個案快篩，非流感者須懷疑為新冠病毒，並且給予篩檢。

5. 增設簡易隔離病床，以抽風機形成負壓，並將閒置軍營及學校整備為隔離場所。

6. 對從事醫療照護醫事人員予以實質獎勵，對受隔離之接觸者予以薪資補助，加重處分隔離期間擅自外出者。

7. 學校中有症狀者，先由學校健康中心護士協助就醫，同時通知家長，而非一律要求家長領回處理。學童活動後及回家前先洗手，養成好習慣。

8. 疫情加重，必定為少數人帶來心理上的困擾，建議 1922 增加相關心理諮商人員。有心理困擾者，請自行下載心情溫度計 App 測量，或是撥打專線 1980、1995、1925。

63

為何高端疫苗不應取得
緊急使用授權？

台灣亟需國產新冠疫苗，國人也應該支持力挺。
然而，疫苗的研發是科學而非政治，
高端疫苗應該按照正規程序進行，
而非用政治力強行護航。

　　就目前世界新冠肺炎疫情發展來看，未來必將流感
化，疫苗是年年都要施打的，為了長遠之計著想，台灣亟
需國產新冠疫苗，國人也應該支持力挺，這一點殆無疑
義。然而，疫苗的研發是科學而非政治，應該按照正規程
序進行，取得主管機關的許可，名正言順為國人健康把
關，方為台灣之幸。可惜的是，蔡政府橫柴入灶，用政治
力強行護航高端取得緊急使用授權（以下簡稱EUA），反
而毀了高端。

停止高端疫苗EUA的五大理由

　　本人主張停止高端疫苗的EUA，並從疫苗預約平台下架，理由如下：

　　第一，全球沒有任何民主國家，非專業的政府領導人可以介入疫苗的審核及授權。現在唯一的例外是蔡英文。2021年5月，高端臨床二期結果報告未出爐，成功與否未可知，蔡英文就宣稱7月可施打。這不是政治力介入，什麼才是？蔡英文是個不必對國會負責的獨裁總統，話已出口，大家自然全力配合，非但讓高端失掉其正當性，各級官員、綠委、綠媒全力配合，不歪樓也怪。

　　第二，目前無EUA的必要。EUA是在國家有緊急的公衛狀況，而且沒有適切、已獲准及可用的替代品下（No adequate, approved and available alternative），才可在經充分審查程序後授權緊急使用，以挽救生命。美國目前因為至少有三款緊急授權疫苗：Pfizer/BNT、Moderna、Johnson&Johnson，所以不再增發EUA，而是朝向疫苗能從EUA提升至完全認證（Full approval），成為一般商品，由廠商對消費者負完全責任。

　　台灣的選擇更多，WHO已批准六款新冠疫苗可做緊急使用，不論是獲贈或購買，都已陸續到貨，也就是已有「可用的替代品」，根本沒有緊急授權高端疫苗的必要。

　　第三，高端疫苗沒有獲得EUA的資格。目前所有獲得EUA的疫苗，皆是通過人體實驗到第三期，高端卻連完

整二期都沒完成。而且審查會議委員人選、過程、審查意見、價格，全被蓋牌，國會一再質詢、追問也不肯公布，是最不透明的政府，如何讓人民信服？8月初在龐大壓力下，終於公布了審查委員紀錄，除了可能是三名官方代表外，多數委員均另有意見，主要就是要求三期人體試驗。

第四，高端疫苗與Novavax疫苗差異甚大。高端疫苗自吹品質優良，與美國生技大廠Novavax疫苗同等級，用蛋白次單位為抗原，但兩者有以下幾點不同：

1. 抗原蛋白質來源不同，Novavax用秋行軍蟲，高端用倉鼠。

2. Novavax用專利奈米顆粒技術聚合棘蛋白形成奈米顆粒，再與也是專利的佐劑Matrix-M混合，讓多個抗原蛋白聚合形成奈米顆粒，有效提高免疫反應（單純蛋白疫苗刺激免疫反應不強，需添加佐劑）。高端根本無此技術。

3. Novavax中和有效抗體1,800，高端662。

4. 最重要的是，Novavax第三期實驗完成三萬受試者，至今猶未能獲得美國FDA的EUA，高端第二期實驗只完成三千多例，是完全不同層次的疫苗，又有何資格通過EUA？

第五，不應先射箭再畫靶。衛福部食藥署在2021年6月10日，自行制定一個有高度爭議的EUA標準，並據此通過了高端疫苗的EUA，完全可視為替高端疫苗量身訂做，

先射箭再畫靶，如此標準，令人懷疑。

＊＊＊

蔡政府為了挺高端，前期百般阻撓國外疫苗採購，導致8月疫苗青黃不接；又將預約平台選擇疫苗方式，從手動勾選想打的疫苗，改為將所有疫苗預設為想打的選項，以此誘騙民眾打高端，是邪惡的操作、無恥的行為。選擇高端疫苗者，應視為參加第三期人體試驗，給予受試者的待遇及保障。

國會在野黨立委對此提出多項質疑，然而獨裁政府利用多數暴力，置之不理。台灣司法改革是個笑話，就連偏綠民眾也過半不相信司法公正。但我們相信台灣仍有正直法官，故提出訴願，停止高端的EUA；並期待高端繼續努力，能成為獲得完全認證的疫苗。

64

健康政策需要宏觀改革

挽救健保，
提高健保費率僅是頭痛醫頭，
其深層問題至少有三項。

健保開辦以來，曾多次面臨財務危機，受到普遍關切，但其深層問題至少有下列三項，必須從根本解決。

一、預防保健、健康促進應納入健保給付

前文提過台灣沒有全民健保，只有全民醫保。我們健保以普及性、就醫可近性、民眾滿意度及費用控制聞名於世，在傳染病控制及整體公共衛生方面，亦卓有成效。然而，在世界各種健康國家的評比中，台灣的排名遠不及

日本、北歐、新加坡、西班牙等，而且幾乎從未進入前十名，國民平均餘命也被韓國超越。

更重要的是，雖然醫療支出（以健保為最大宗）不斷增加，就醫次數居全球之冠，壽命也延長了，但依國家衛生研究院的數據，卻是不健康（失能）的餘命延長，與其他實施全民健康照護的國家大相逕庭。另一方面，平均餘命在族群、城鄉、教育、貧富間的差距也不斷擴大，亦即健康的不平等情況愈來愈嚴重，而這是WHO評估醫療體系的重要指標。

原因何在？近年來台灣不論所得、教育、生活型態，階層差距都不斷擴大，高階層人士多從事養生、運動、戒除有害健康的行為；低階層人士則反之。從可預防的疾病及死亡來觀察結果，根據2013～2016年國民健康署的調查，18歲以上的國人三高盛行率如下：高血壓25.2%、高血糖11.5%、高血脂22.6%。

65歲以上高齡者，三高幾乎人人有獎；中壯年肥胖比率為三成；青少年炸雞、含糖飲料不離口，每日五蔬果只是口號，學校營養午餐本應是均衡飲食最好的學習場域，但是顯然效果不佳，而且台灣大學生是附近國家中最不運動者。

在健保第一期規劃與立法，以及二代健保修法時，均擬將預防保健、健康促進納入給付項目，但遭到若干短視的醫療提供者、付費者代表、雇主，甚至某些病友團體反對，認為應由公務預算支出。然而，政府財政僅負擔健保

費36%，就已捉襟見肘，用於預防保健的費用，將國民健康署加上疾管署，仍只有健保支出的1%左右，與先進國家的3～10%不可以道里計。

「上醫醫國（完善國家總體的衛生福利政策）、中醫醫人、下醫醫病」，將預防保健、健康促進納入健保給付，才是可以達成三贏的最高明政策。首先，民眾及病患通常會聽從、接受醫療專業人員的建議，由醫院診所提供這類服務效果最佳，能讓民眾增進健康，減少醫療浪費；其次，醫療人員的專業支付及尊嚴得以提升；第三，健保署更可減少財務壓力。台灣的全民健保若不如此做，只能算是下醫而已。

二、醫療不只是在延長生命，也應減少不必要的痛苦

什麼是生命？不同的社會文化及個人，可能有不同的定義。有些認為胚胎就是生命，所以墮胎是殺害生命；有些認為墮胎是屬於女性的身體自主權，莫衷一是。但依照醫學定義，人生的開始是「活產」，亦即胎兒離開母體，有心跳、呼吸及隨意肌的動作（代表腦部的運作）。

因此北歐國家（特別是丹麥）尋求反璞歸真，認為一個人若不能自己心跳、呼吸，需依賴各項醫療設備，不能享受清風明月，表達對親人的情愛與互動（如植物人、重度失智），身受無法緩解的疼痛，即可選擇拔除維生設備。一旦醫師判定，當前醫療對末期病人的病情已無任何

助益，則以積極照護取代積極治療，不再施以急救。

首創安寧病房的馬偕醫院賴允亮醫師說：「只有呼吸及心跳，不代表生命。」被譽為安寧照護之母的成大醫院趙可式教授，倡議以照護身、心、靈的臨終安寧照護，取代無益的「積極治療」。台灣在2000年通過《安寧緩和條例》，2016年通過《病人自主權利法》，並於2019年開始實施，但由於各界衛生主管機關推動有限，每年健保支付末期病人的無效治療，仍在千億以上。

台北市立聯合醫院黃勝堅總院長，根據其多年行醫的經驗，認為末期病人強迫飲水及灌食，反而會增加痛苦，很多醫師及病人家屬也都有相同的體悟。醫學教育除了教導如何延長生命外，更要教導如何減少病人及其家人不必要的痛苦。

人生自古誰無死？與其延續痛苦的生命，不如好好說再見。當然，每個人對生命的認知不同，若認為植物人也是人，我們應予以尊重，但是否該提高其部分負擔，則值得討論。

三、提升獨居關懷，促進全民健康

孤獨有害健康，孤獨與憂鬱症、失智、自殺、身心症、失能等，均有高度關聯。英國前首相梅伊發現，英國有800萬以上的孤寂老人，對健康影響極大，也對英國全民健康照護的財務造成很大的壓力，因此設立孤獨大臣及

孤獨部（Minister for Loneliness）。

台灣因為不婚、不育全球第一，加上外出就業，獨居者愈來愈多，總共高達1,000萬人，其中以老人比率最高。根據衛福部2019年的報告，使用抗憂鬱藥物者將近140萬人，需服用安眠藥者高達426萬人，全國每年服用安眠藥9.18億顆。因此如何由政府與民間合作，提升對獨居者的關懷，對全民健保將有極大的助益。目前民間多個團體推動的「時間銀行」，花時間關懷獨居老人，就是很好的方式。

此外，我也提倡籌組「第三家庭」。每個人都有第一家庭（原生家庭），但因不婚、不育，很多人沒有第二家庭（婚姻及子女），這是造成獨居的一個重要原因。因此不只是同性結婚，也鼓勵沒有血親及婚姻的好友、知交，組成第三家庭以相互扶持。關於這點，則有待政府、民間推動並訂定相關法規。

＊＊＊

救健保，提高健保費率僅是頭痛醫頭的末端，實施以上三項政策的宏觀規畫，才能真正挽救健保，進一步提升全民健康。

65

健保未來只能減，不能加

社會資源有限，
醫療政策是要照顧全民，
但不是所有項目。

　　許多病友團體一直不斷呼籲，希望新藥、新科技能加
速引進台灣，並納入健保給付。

　　身為台灣病友聯盟的理事長，我雖十分理解病友們的
期望，但說實話，病友們要失望了。原因很簡單：健保缺
錢，而且未來只會更嚴重。

　　近年來健保入不敷出，安全準備金即將低於一個月，
並在一、二年內全部耗盡，到時就要借貸過日子了。本
人於2010年擔任衛生署長時，將原費率4.55%調高為
5.17%，並保證可支撐十年。如今期限已屆，未來要增加

保費卻難如登天（若採專款專用，每人每日加收2元住院看護費，倒是可行）。

調漲保費的三大困難

首先，台灣人口老化速率世界第一，人口結構逐漸呈現倒三角形，在五、六年內，老年人口就將超過20%。一名老人每年健保支出，平均至少比50歲以下多出近五萬元。用錢的人變多，能負擔的人日漸減少，不論如何計算，最後都是由青壯年負擔，不發生革命才怪。

另一項原因是，主要負擔健保費的正職者愈來愈少。由於自動化的緣故，技術工人被取代了；而白領階級常態性工作，特別是低階管理及助理，也逐漸被AI取代。在這種全球大環境之下，台灣是由政府帶頭，大量雇用約聘僱人員。

以公立醫療院所為例，約聘僱人員均多於正職人員，不少人一聘三、四十年，直到離職都未能轉正。現在連約聘僱的機會也大幅減少，大都改為派遣人員。在中央各部會中，本應促進勞動安全與社會福利的勞動部及衛福部，更是「名列前茅」。年輕人求職不易，只好委身便利商店、速食店或騎車當食物外送員，還要調他們的健保費，能不上街頭抗議嗎？

更嚴峻的是，在美中對抗下，本來經濟就有緩成長現象，如今新冠肺炎疫情沒完沒了，各國相互封鎖，經濟斷

鏈，想調高健保費率，要負擔60％保費的雇主及各財團必定最先反對。就算沒有上述的經濟黑天鵝，行政院長及總統能擋住大財團反對漲健保費率的壓力嗎？才怪。

醫療服務，需考量成本效益

前健保局總經理張鴻仁先生，曾大言台灣健保費率太低，就算加一倍，社會仍可以承擔，實在可說是不知今夕何夕了。健保是論人計保費，若是四口之家（本人加上眷屬上限三人），根據2016年調低的費率4.69%計算，四人就是18.76%，就算本身只負擔30%，也相當驚人。若調回2010年的費率5.17%，或者依精算調至5.3％以上，四人費率就高達20％以上。健保博大精深，連前總經理都與社會脫節，遑論各界人士。

WHO在2000年的年報指出，資源有限，沒有一個社會能提供每個人所有已知有效的醫療服務。政策上是要照顧全民（for every one），但不是所有項目（not for everything），因此未來只能在社會能承擔的最大限度下，提供最具成本效益的醫療服務。

也就是說，健保將來只有減法，例如取消長期慢性處方免部分負擔、重大傷病免部分負擔、檢驗檢查藥費負擔上限200元、復健第二次療程免部分負擔等。再沒錢，就從成本效益最差的地方減起，例如幾歲以上不提供換腎、換肝、洗腎，甚至標靶治療、人工關節等。至於產前檢

查、生育、盲腸切除、健兒門診、疝氣、膽腎結石等最符
成本效益者，才能保留。

「保大不保小」是外行話

至今仍有人倡議「保大不保小」，那只是外行話。因
為健保理賠效果與其他保險理賠完全不同。汽車保險或人
壽保險，被保險人及社會均可保有理賠效果（金錢或修理
後的汽車）；但愈是大病，病人愈容易死亡，花昂貴費用
及社會資源只保障了就醫權，效果卻是零。

如今大環境已和2010年不同，那時人口結構是紡錘
型，雖然幼兒逐漸減少，但青壯年人口比率高，老人尚未
大幅增加，那時不調更待何時？衛福部長陳時中先生目前
要調費率，只能祝福他了。

健保若要苟延殘喘，需要大力推動「安寧緩和醫療
條例」及「病人自主權利法」，讓長期高度痛苦不得緩解
的人（如末期病人、植物人、高度失智），能少受無端痛
苦，同時每年至少減少千億以上的無效（無意義）醫療。

醫學教育，不僅要延長生命，更要學習如何減少病患
及家屬不必要的痛苦。

66

建立就醫準則與倫理
提升醫療品質

醫界不斷倡導醫學倫理、訂定各種醫療準則。
若想進一步提升醫療照護的水準，
似乎有必要推行民眾的就醫準則與倫理。

　　雖然病患權益尚有改善空間，但不可諱言在過去十幾
年已有相當的進步，包括病患知的權利、選擇的權利、自
主的權利及就醫場所的改善等。醫界先進也不斷倡導醫學
倫理、訂定各種醫療準則，而若想進一步提升醫療照護的
水準，似乎有必要推行民眾的就醫準則與倫理。

民眾就醫五大準則

1. 就醫前應充分準備資料：

包括症狀、發生的時間、過程、以往病史及藥物過敏等，若是能行，則備妥以往的各種檢驗、檢查報告、影像檢查的CD-ROM等，這對醫師診斷有很大的幫助。若病患無行為能力，家屬應負責協助。

2. **盡量對醫護人員有問必答：**

少數病患金口難開，認為醫師應是華陀在世，一眼就可看出病患的病症及提供診斷，這是不切實際又誤己的就醫心態。

3. **遵守醫囑：**

大部分的疾病治療都有一定療程，不可半途而廢，例如抗生素，若是中途停藥，容易產生抗藥性。遵守醫囑並不容易，一不小心會忘記；復健不但需要毅力，且常伴隨疼痛，但不如此做，就不能早日康復。

4. **因故未能遵守醫囑，應即請教醫師：**

由於病情變化，不論大幅改善或惡化，都不可擅自改變醫療。目前參加社區醫療群及試辦論人計酬的醫療院所，多設有24小時諮詢電話，讓病患不必到醫院診所掛號就醫，省時、省事又省錢，希望這樣的服務未來能夠擴大辦理。

5. **不指揮醫師提供額外醫療如檢驗、檢查及藥品：**

醫師通常不願拒絕病患要求，避免與病患衝突。然而，額外要求醫療不但對病情無益、浪費醫療資源，更可能會造成傷害。

遵守三大醫療倫理

1. 尊重醫事人員：

人與人本來就應相互尊重，病患身心痛苦、情緒不佳，醫護人員多些擔待也是應該。但人總有七情六慾，偶爾遇到不講理的病人，心情必然低落，並且多少會影響對病患的服務，目前醫療人力吃緊，又多血汗醫院，病患多尊重醫療人員，也能獲得較親切愉快的服務。

2. 不浪費醫療資源：

以往的調查十分有趣，受訪者都說看到他人醫療浪費，但自己都沒有，那麼到底是誰在浪費？要求多開藥、多檢驗還是小事，經常有加護病房的病人早可以返回一般病房，或是住院病人已能出院回家，卻不願配合，占用病床。若多數人如此，則真正有需要的病患就無法得到照護。你妨礙別人，別人也將妨礙到你；你浪費、大家浪費，健保就不能永續。至於若干醫院的大老或社會的VIP，已無積極治療的需要，雖有能力返家照顧或改送療養機構，但因家人不願送到長期照護機構，持續占用病床，並不符合倫理，應予以譴責。

3. 不可對醫療人員從事言語或行為暴力：

若對醫療服務或結果不滿而施以暴力，必然會影響其他病患的權益。這樣的案件增加，最終也會影響自己及親友的醫療照護。醫院都有申訴之處，也可依法採行告訴，這是病患就醫的基本倫理。

＊＊＊

　　除持續提高醫療人員的水準、確保病患的權益外，病患可以做到的是遵守就醫準則及倫理，以共同提升醫療水準，有效利用醫療資源。

67

衛福部瀆職
民眾健康大倒退

醫事司訂立《醫材重消指引》，
僅要求醫院進行內控、自行消毒即可，
違反醫材需符合之規定，罔顧病友權益。

　　2019年5月的二手醫材風波，揭露部分醫療院所違法
將一次性醫材消毒再重新使用，使病患身陷高感染風險。
此等案例並非首見，1995年台北榮民總醫院就曾因為重複
使用醫材，導致瘧疾疫情爆發，結果有六人罹患瘧疾，其
中四位不幸過世。衛福部是否因此得到教訓？顯然沒有，
醫事司為護航醫界，甚至宣布要盡速訂立《醫材重消指
引》，此作為明顯是讓國民健康倒退一大步，遭到病友團
體堅決反對。

不符規定的醫材重消指引

　　現行醫療器材上市許可，皆需經醫療器材廠優良製造規範（GMP/QSD）申請，以確保品質及產品的安全性、有效性，就算是尚未使用、僅進行分裝的小包裝醫材，都需要符合前述規定。由於醫療院所無法符合製造廠規格，所以不能製造藥品、醫材（除了因化療需求而擁有的部分調劑權），但醫事司訂立《醫材重消指引》，僅要求醫院進行內控、自行消毒即可，不用符合前述規定，完全罔顧病友權益。

　　綜觀國外先進國家，如美國、日本、澳洲等國，其醫材重消指引機制皆明確規定，重消醫材產品標準及規格，應符合醫療器材優良製造規範，且由負責醫療器材許可之主管機關進行管理。

　　以美國為例，FDA規定重消醫材需再辦理查驗登記上市許可，也就是被視為全新的醫材產品，如此嚴謹的程序，才是保障病人權益的做法。反觀我國，衛福部指派主責管理醫療院所的醫事司處理此事，根本是行政錯亂！而食藥署身為審查醫療器材許可的主管機關，卻對此次風波置若罔聞，更是完全失職！

維護病友權益的四大訴求

　　醫材重消指引涉及病人的感染風險及就醫權益，相關

會議卻未邀請任何病友代表出席，台灣病友聯盟對此表達強烈抗議，並提出下列訴求：

1. 部分醫療院所自行重複消毒並再使用一次性醫療器材之行為，嚴重違反醫材需符合之規定，使病患暴露於高感染風險，應依法處罰，以正視聽。
2. 要求主管機關在後續相關溝通會議，需邀請病友團體參與討論、表達意見，以確保病友權益。
3. 我國重消醫材管理制度，必須比照國際標準（美、日、澳等國），重消醫材產品應符合製造廠規格，並由掌管醫療器材許可之食藥署擔任主管機關，加強管理以確保病人就醫權益。
4. 本次事件送監察院，調查衛福部瀆職。

生存革命

68

增進病友參與權

> 每個人都可能成為病人，
> 因此爭取病友的權益，
> 也是爭取你我的權益！

保健政策應以病人為中心

12月6日是國際病友團結日（Patient Solidarity Day），
它起源於2011年，由Morris Moses基金會在肯亞發起，
提倡醫療保健應以病友為中心，而隨著國際病友聯盟
（International Alliance of Patients' Organizations）的支持與投
入，2014年起成為全球性活動。時至今日，已有來自39個
國家的168個組織齊聚一堂，共同支持這一天。

每年的病友團結日，世界各地的病友團體會共同慶祝

這別具意義的日子，並且向各地政府呼籲有關國家醫療保健政策的發展。2019年的主題是「加快落實以病人為中心的『全民健康覆蓋』（Universal Health Coverage）」，呼籲確保所有人都能受惠於安全的醫療保健體系。

我國自1995年開始實施全民健康保險，全體國民從出生起，不分性別、年齡、貧富，均享有平等就醫的權利，獨到的制度設計一直是我國的驕傲，也是許多國家取經的重點，每年吸引大量國外專家學者或官方代表前來考察。在世界各國提倡全民健康覆蓋時，我們的覆蓋率早已高達99.99%，屬於世界頂尖水準。

開放病友參與，完善保健體制

然而，在如此全面的健保體制下，仍有個被忽略的重要部分，就是「病友的參與」。病友雖是醫療體系中最直接的利害關係人，卻甚少能參與國家醫療政策的發展，即使近年在台灣病友聯盟及眾病友團體的努力下，已逐漸開放病友參與，但比起其他先進國家，我們的腳步仍是太過緩慢了。

像是決定國家藥物給付的關鍵性會議「全民健康保險藥物給付項目及支付標準共同擬訂會議」，病友只能列席參與；而決定健保重大政策方向的「全民健康保險會」，也僅在付費者代表中給病友一席名額，實在令人惋惜。

2019年底，立法院社會福利及衛生環境委員會針對

《全民健康保險法》進行修法討論，有部分委員提案在健保相關重要會議（如健保會、共同擬訂會議），應增加屬於病友的代表名額；也有數名委員發言表達病友參與的重要性，著實替全民深深感謝他們的發聲。

畢竟，每個人都可能成為病人，因此爭取病友的權益，也是爭取你我的權益！希望病友團結活動能夠喚起國家的重視及全民的關注，共同讓我國的醫療保健體制更上一層樓！

69

我們都是病友

除了傳說中的高僧能不食人間煙火，

百歲時在打坐中圓寂外，

幾乎每個人都是病友 —— 過去、現在或未來。

　　有個冷笑話是這樣說的：老張到診所就醫，遇見老吳
剛從診所出來。老吳問老張：「你平日身強體健，為什麼
也來就醫？」老張說：「因為醫師要活下去。」結果醫師
只花兩分鐘就打發了老張，於是兩人同去藥局拿藥。老吳
問：「醫師說你沒病，怎麼也一起到藥局？」老張回說：
「不就拿點維他命，因為藥師及藥廠要活下去。」接著老
吳到老張家坐一下，看到滿桌的藥袋，大多沒打開，就問
老張：「拿了藥怎麼都沒吃？」老張回道：「因為我要活
下去。」

醫療應「以病人為中心」

其實應該完全相反，醫療體系從衛福部、健保署、醫療院所、醫事人員、製藥業，都是為了照顧病人而存在，也就是WHO所說的「以病人為中心」。WHO、國際病友聯盟（IAPO）及二代健保法中一再強調，病人有三項基本權利：知的權利、選擇的權利、參與的權利。

台灣直至1999年，病人才能看到就醫費用的明細（而7-11早就有明細）；2000年開始能選擇緩和安寧，末期病人可以選擇不再急救（DNR）；2006年病患才開始享有獲得全部病歷的權利；2009年，經過醫改會長期的努力，藥袋上才有充足的資訊，包括醫師與藥師姓名、商品名、學名、服用方法、主要功能及可能的副作用等；2011年，末期病人才有拒絕治療、呼吸器拔除的權利等，眾病友不再因為醫療產業的生存，而必須任其擺布。

台灣的醫療體系受全球高度稱讚，但仍有行政部門及若干醫界並不以病人為中心。先談健保新的突破，健保署建構雲端藥歷，醫院醫師的處方全部上雲端，不同醫院的醫師馬上可發現是否重複或錯誤開藥；2018年藥歷又與病歷連結，該開卻不開或開了不該開的藥，完全一目了然。另一項健保大突破是雲端影像，不同機構的醫師都可以從雲端查考就診病患的影像、X光、CT、MRI等，因而避免重複檢查，減少病患的檢查風險，特別是基層醫師不因缺乏「重裝備」而無法診斷處置，有利於醫學中心下轉診

所，便利民眾就近就醫，這是全球數一數二，值得國人驕傲。若再加上 AI，更可大幅提高台灣的醫療水準。

然而，健保署得意之餘，雲端藥歷卻有一大破口，就是診所仍在實施簡表，也就是開什麼藥不必登錄，有沒有開藥也沒有查核，健保每日就支付25元，三天為限75元。醫師公會用各種莫名其妙的理由抗拒，衛生主管機關對不配合登錄雲端藥歷、不列印完整藥袋資訊的醫療院所，應一律終止特約。

病人的三項基本權利

在病人知的方面，如前所述有相當大的進步，但不以病人為中心的事件仍舊頻傳，如2016年拜耳公司治療血友病的「血凝素第八個因子注劑」發生藥效問題，全球回收，台灣比世界晚了15天才宣布。食品藥物管理署收到後，只發文藥師、醫師、醫院等公會，卻沒通知有二十多年歷史的血友病協會，病人無從詢問醫師，自己注射的是否為合格藥物，不論是拜耳或食藥署，心目中均無病患。更可惡的是，病友會去文食藥署，要求未來若有類似事件，應立即通知病友，卻未見適切回應。

2017年，高血脂藥物第一名的冠脂妥（Cretor）發現偽藥（批號MV503），雖全面下架，容許換藥，也有一些藥局主動通知病患，但如果藥局及醫院診所（多有病患聯絡資訊）主動電話告知，另再稍加鼓勵藥局，給予一、

二十元因換藥產生的成本（當然由出包的藥商負責），並登入健保資料庫，知道有多少病友獲得換藥，不再服用偽藥，且2018年的六種高血壓藥出包也一一告知病患，那麼台灣才是「健保第一名」（特別是若發生錯誤的致命藥物，這系統更可救人無數）。至於食藥署如何處置出包廠商，至今仍不見下文。

關於病友的參與，各進步國家不論是醫療制度的制定、醫療機構的管理，醫藥科技評估（HTA），一直到新藥與新科技是否納入給付，均有病友的投入。然而，衛福部依健保法訂定的《全民健保會設置辦法》，該會辦理全民健保費率、約付範圍等之審議，35名委員中沒有病友代表（有醫界代表、付費者代表、政府代表及學者專家），病友團體只能與一般社會團體參與抽籤，這完全違反WHO及IAPO病友參與的基本權利，僅只此項，台灣就沒資格倡議加入WHA。經台灣病友聯盟及各病友團體向衛福部抗議後，才勉強允許病友代表一名（1/35），這哪是以病人為中心？

更可恥的是，病友曾受健保署委託，派代表在共同擬定會議（決定已由食藥署核可新藥與新科技是否納入健保給付）的會場隔壁視訊旁聽，竟被醫事團體抗議休會，病友何等委屈！

天下沒有完美的制度，台灣健保若真要傲於各國而為典範，恐還得加油。

70

死能如願，才是尊重生命

> 安寧照護不等於放棄，
> 而是尊重生命、減少痛苦的做法，
> 讓人能有尊嚴的離開。

　　生命誠可貴，尊重生命是普世價值，深植所有社會中。例如在文明國家，虐貓、虐狗甚至加以殺害，都是犯罪行為，因為貓狗均是生命，虐待動物之人，顯然有潛在的虐人、殺人心態。

　　不僅如此，由於人是生物的一種，必須依賴其他物種維生，在尊重生命的普世價值下，不論飼養或宰殺動物，都強調要符合人道規範，給予足夠的空間、良好的環境，更重要的是強調不要浪費食物，因為丟棄食物就是徒增宰殺的動物，並且破壞其他生物的生存空間。

賴活不如好死

　　雖然尊重生命是普世價值，但現實情況是，每天不知有多少生命被凌虐、殺害，或者身、心、靈都受到殘害而生不如死。就以人類來說，根據聯合國難民署的統計，在2017年底，全球共有6,850萬人流離失所，其中1,620萬人是在當年成為難民，相當於每天增加4.45萬人。

　　台灣一向自認是民主、自由的進步國家，但僅只衛福部有案的虐童事件，每年就大約有一萬起，平均每週約有兩個以上孩童被虐死。生命如何不被踐踏，是人類第一大事，或許目前無解，但就如同人道屠宰的發展，只要往前一步，就是往佛家所言「普渡眾生」前進。

　　有生必有死，死亡是完整生命的一部分。生是隨緣而來（與父母之緣），每個人無從選擇，但死在今日，卻可如願而去。

　　2000年總統大選後，我在政黨輪替前，有幸以代理署長身分主持《安寧緩和醫療條例》的修訂，為減輕或免除末期病人之生理、心理及靈性痛苦，施予緩解性、支持性的醫療照護，以增進其生活品質。但一開始施行不是很順利，一方面是多數人認為應該盡可能延續生命，一方面是家屬間經常意見相左。

　　記得在2010年5月，我回應立委質詢時說：「癌末急救是浪費生命。」還來不及說出「安寧照護可以減少生命痛苦」，結果當晚招致各媒體的非議。但第二天，首創國

內安寧病房的賴允亮醫師就表示，安寧照護不等於放棄。他解釋，對末期病人來說，急救只是延長心跳，並沒有延長生命，反而是對生命的不尊重。

安寧之母趙可式教授也特別來電鼓勵我，並公開說：「楊志良是觀念正確，但話說得太快。尊重生命的概念，是能有尊嚴的離開，不要讓生命再受痛苦。」媒體也有不少投書，提到因為不知能選擇不再急救，讓親人受盡插管、氣切、急救壓斷肋骨等折磨，只為了多半小時心跳。

重視安寧照護與病人自主權利

民氣可用，我將選擇安寧照護及生命末期不再急救，列入住院須知，讓病患可以簽署選擇，簽署者因此明顯增加。該法又經過幾次的增修，若病人之前未簽署，在意識昏迷或無法清楚表達意願時，可由其最近親屬出具同意書代替，最近親屬依《民法親屬編》的優先順序為：配偶、成年子女、孫子女、父母等，得以一人行之，避免親屬間意見不一致而無法實施的困境。隨著愈來愈多民眾了解到，親人「只是延長心跳，但增加痛苦」，選擇安寧照護者達到70～80%。

至於楊玉欣立委推動的《病人自主權利法》，則進一步讓人自行選擇如何（如願）離開。只要事先立下遺囑，就能在有尊嚴的照護下，選擇去除維生系統及管灌飲食（末期病人接受管灌，即使只是飲水，都會造成痛苦），給

予高度鎮定，就如老僧坐化往生。該法案高度尊重個人，包括醫療提供者對生命的定義，若因認知或信仰的不同，醫師或醫療機構可拒絕實施，要求病患轉院。但至今甚多民眾並不了解該法，建議衛生主管機構宜廣為宣導，並且修法簡化簽署手續。

我的家人及幾位好友，就是選擇安詳的離開。可惜的是傅達仁先生，雖然《病人自主權利法》在他病重時已通過，但需要經過三年宣導期，2019年1月才生效，他不得已，在2018年決定赴瑞士尋求安樂死，他的遭遇著實令人悲痛。

我一再呼籲，醫學教育不是僅教導如何延長壽命，更要學習如何減少末期病人的痛苦，此說受到若干醫界大老支持，更盼能獲得全民的理解。

71

酒駕防制尚須努力

健康捐不但能減少酒的消費及對健康的影響，
而且每年有50億經費可用於酒害防制，
用以提升民眾健康。

酒後開車是車禍的主因之一。2003～2012的十年間，因酒駕交通意外事故導致死傷人數，高達97,838人（死亡4,896人、受傷92,942人），平均每年近1萬人，僅醫療費用就要239億；若加上車輛財產損壞、勞動生產力的損失，至少超過1,000億，也就是每年100億。

嚴刑峻法擋不住的飲酒文化

台灣對於酒駕可說是嚴刑峻法，酒測吐氣達0.15mg/L

或血液中酒精濃度達0.03%的汽車駕駛人，處新台幣3萬元以上12萬元以下罰鍰，並當場移置保管汽車及吊扣其駕駛執照1～2年；吐氣達0.25mg/L或血液中酒精濃度達0.05%者，則違反刑法不能安全駕駛罪，處2年以下有期徒刑，得併科20萬元以下罰金。

另外，若造成人員傷亡，尚有賠償及刑責，若受害者須終身看護，則罰金高達1,900萬，很可能使肇事者破產，終身以收入供養受害人。酒駕嚴重者將被判刑，2013年1～6月因酒駕入獄4,626人，占新入獄人數的27.5%。

如此嚴刑重罰，酒駕事故數卻只在重點宣導月分減少，宣導一過，又幾乎恢復原狀。其原因十分複雜，主要是近年來飲酒文化盛行，飲酒人數及飲酒量增加甚速。以啤酒為例，2009年消費量是5.04百萬石（每石100立升），亦即全台灣不論男女老小，平均每人每年喝25立升或42瓶0.6升的啤酒。至於一般發酵酒，以葡萄酒增加最速，2002～2006年成長136％，達到1,180萬立升；2011年又成長到1,520萬立升。

烈酒（蒸餾酒）方面也很厲害，金門高粱年銷售額161億，雖有10億是外銷中國大陸，但加上台灣菸酒公司等高粱酒，每年達200億，若以一立升500元計算，再加上從中國大陸帶回的白酒，不只喝掉5000萬立升，相當於全台每人每年喝掉近2.5升。其他烈酒如威士忌，每年消耗1,385萬升，以0.6升一瓶計算，相當於2,308萬瓶，全台幾乎每人一瓶。白蘭地雖然較少，卻也有275萬立升。

多管齊下防制酒駕

　　上述尚不包括米酒、紹興酒、各種水果酒等，酒的消耗大增，過量飲酒的傷害也必然增加，特別是長期大量飲酒，會對肝及神經系統造成傷害。因此，政府應該考慮比照菸品附加健康捐，以價制量，並且充實防制及戒酒治療的經費。

　　《菸害防制法》增加健康附加捐後，防制經費大增，各醫院得以設置免費的戒菸門診，效果卓著。1990年成年男性吸菸率為59.4％，2010年降到35％，女性從32.5％降到19.8％，吸菸人口明顯受到抑制，民眾健康獲得改善。因此，酒也應比照香菸，增加酒的健康捐。

　　但為減少打擊面及過多反彈，可以先從烈酒開始（因為烈酒數小杯即會造成酒醉，而一般發酵酒也常用於烹調，且須飲用一定分量才會過量）。立法每瓶加健康捐50元，不但能減少酒的消費及對健康的影響，而且每年有50億經費可用於酒害防制。

　　另一項措施是由地方政府於酒客較多的地點，例如餐飲業、便利商店，設置免費或投幣式自助酒測儀，使各地酒國英雄明白自己是否已過量而不再駕車，或是在便利商店喝杯咖啡、閱讀雜誌報紙，等通過檢測後再上路。如此各界一同努力，多管齊下，既省了個人荷包、充實了防制經費，也能減少疾病及人命的損失。

72

烈酒捐，此其時

飲酒過量傷害甚大，不但令人傷肝、多用健保，
也引發車禍、家暴、鬥毆、自殘等問題，
防制酒駕應仿照菸害防制，從加徵健康捐著手。

飲酒過量引發社會問題

酒的形象從古至今就十分兩極。若沒有酒，就沒有曹操的「何以解憂？唯有杜康」，也沒有李白的「古來聖賢皆寂寞，惟有飲者留其名」，多少美妙詩詞、歌曲、文學、美術、思想……可能都不會出現了。

但是有了酒，卻也有了傷身、誤事、害命等種種憾事。飲酒過量傷害甚大，酒精成癮不但令人傷肝、多用健保，酒後的自我控制力下降，常常無法遵守社會規範，同

時對機械的操控能力也大幅下降。除了酒駕會造成人命、財物的傷害外，家暴、鬥毆、自殘，也常是酗酒所引起。

其中以酒駕特別可惡，因為是造成不相干他人的傷害，使許多寶貴生命殞落，令無數家庭破碎；更有肇事者是累犯，讓民眾激憤不已。包括蔡總統在內，都不斷要求加重刑罰，但防制酒駕的成效依然不如預期。

本人建議應仿照菸害防制，從加徵烈酒（蒸餾酒）健康捐著手。

健康捐能挹注健保

當年在董氏基金會及孫越極力推動下，加上各界的努力，終於戰勝菸商及菸商收買的「菸立委」，通過《菸害防制法》，徵收菸品健康捐，用於宣導菸害、提供免費戒菸門診；不再有菸品廣告、菸促小姐（遞上免費香菸並點菸）；公共場所（包括餐廳）也全面禁菸。

之後健康捐多次調漲，各項研究結果顯示，吸菸人口大幅減少，健康捐功勞甚偉。

我擔任衛生署長時，正逢調漲健康捐，有「菸委」質詢，認為健康捐影響基層民眾起碼的「生活需求」，會加重經濟負擔；而且大家少抽或不抽，菸捐減少，就沒有經費挹注健保。

我簡單回應，菸貴少買，省下來的錢都是民眾的，政府又不會拿走。這些錢用來買水果、青菜、雞蛋、牛奶，

或是帶家人出遊，豈不是更好？若大家都不抽菸，自然不必再推行菸害防制，健保也不必再為此支出大筆醫藥費，各界得利。

同理，之前衛生署就決定從烈酒開始，擬訂烈酒健康捐徵收辦法，但遭到「烈酒立委」強力反對，根本送不到行政院。

有鑑於全民對酒駕早已深惡痛絕，呼籲各界強力支持烈酒健康捐，力抗酒商及「酒立委」，這筆收入不僅要用於宣導酒駕危害、設立戒酒門診、挹注健保費，更應禁止烈酒廣告與餐廳促銷酒品。

73

請響應新「節食」運動

宴客相聚交流情感是好事，但要小心過度飲食。
依均衡飲食配菜、以八分飽為目標，
既能輕鬆用餐，腸胃也不會過重負擔。

眾人皆知肥胖是三高，甚至是四高（高血壓、高血脂、高血糖及高尿酸）的主要原因，而四高的延伸就是心血管、腎臟疾病，以及癌症等殺手。

根據國民健康署2005年「國民營養健康狀況調查」，台灣成年男性超過一半（51％）過重或肥胖，成年女性則每3人就有1人過重或肥胖（36％），超過亞洲其他國家如新加坡、日本、馬來西亞、韓國、泰國及中國大陸。再者，台灣孩童只長胖不長高，6歲兒童的肥胖率，男孩已有10％，女孩更高達25％。與十幾年前相比，現在的情

況很可能更嚴重而非減輕。WHO認為，中等收入以上國家的肥胖問題，是最嚴重的「傳染病」（雖然肥胖不會傳染，但生活模式卻是人們相互影響）。

為了減肥，台灣一年最少耗費600億；再加上因減肥不當而引起的相關疾病傷害，使健康受影響甚至危及生命，由此耗用的健保資源等，恐怕超過千億。

不合時宜的飲食文化

肥胖的原因不外乎攝取過多熱量及運動不足。過度飲食普遍發生在從低度開發邁向中、高度開發的國家中，這些地區的居民原本難得溫飽，又需為取得食物耗費大量勞動體力，只有在逢年過節與慶典期間，大吃大喝一頓以慰辛勞。但開始富有之後，不僅勞動量大幅減少、有能力大吃大喝，更為掙面子而喜歡「擺闊」，認為宴客時得將菜餚擺滿一桌，甚至「疊床架屋」，否則就是對賓客不敬。如此，焉能不胖？

反觀歐洲富有國家，飲食以儉約為主，通常一道前菜沙拉、一道主菜、一道甜點及飯後飲料，大家八分飽就賓主盡歡。目前台灣雖稍有改善，剩菜剩飯仍是不少，儘管盛行打包以免浪費食物，減少生產食物、處理垃圾的大量能源及汙染；但帶回家的剩菜放冰箱，常忘記食用或過期，大多仍是浪費。至於中國大陸一般宴客的「架式」更為驚人，吃掉的部分常不及1/3或1/4，習近平要求儉約的

「光盤行動」是否有效，則有待觀察。

宴客相聚交流情感是好事，但華人有個毛病，就是要相互挾菜。問題在於，你挾給我的是你愛的珍饈，卻可能是我恨的「糟糠」，滿盤的挾菜如果不吃，對不起朋友，如果全吃下，則對不起自己，真不知如何是好。

新「節食」運動，環保又健康

因此，我們應推動新的「節食」運動，首先就是「不互相挾菜」，大家各取所需；第二則是宴客時的「十二道金牌」慣例可以免了，六道菜其實就很足夠，如果能依均衡飲食配菜，那就更妙了。大家以八分飽為目標，輕輕鬆鬆用餐，腸胃沒有過重負擔，回家後可睡個好覺。

若能以葉老大（葉金川同時也算是大老吧）宴客為標準，在家中準備好適量均衡的食材，沒有五蔬果也至少有三蔬果，手藝好又不吝展現者，與主人一同下廚，用餐時從不互相挾菜，也幾乎沒有剩菜，更不用帶回家。再加上幾粒花生與適量啤酒，其樂也融融。餐前不事「廚藝」的下男下女們，則負責餐後清理戰場，洗碗的洗碗、抹桌子的抹桌子，一會兒連垃圾都清理完畢。

如此，主人不至於嚴重破財，更不會累得滿頭大汗，第二天一早再去爬爬山，就更有益健康了！

74

幫助別人是利他還是利己？

研究發現，幫助別人後測量腦波的變化，
腦內啡分泌增加，可以變得很快樂，
也對免疫系統有所助益。

幫助別人，其實是幫助自己？

有時候在公車上，我只讓個位子給人坐，就覺得很愉快，偶爾幫人家一個小忙，就覺得很舒服。後來我想通了，孟子說：「人溺己溺，人飢己飢。」這話好像是利他、幫助別人的：別人的孩子掉到井裡，就像你的孩子掉到井裡一樣；人家肚子餓就像你肚子餓一樣。

可是回頭再想，不對，這其實是利己、幫助自己的。為什麼？這等同於我的孩子掉到井裡，就像你的孩子掉到

井裡面，你要去救；我肚子餓沒飯吃，就像你肚子餓一樣，所以你的飯要分給我吃。所以我們說，幫助別人會快樂，而且長壽，這是可以驗證的，許多研究證實，幫助別人就是幫助自己。

想想看，你的「我」是多大，有些人的「我」就是他自己一個，所以連兄弟、姊妹、夫妻，都可以一刀下去，歷史上皇室的爭權奪利就是這樣。但是我們也看到有些媽媽非常偉大，可以為了自己的孩子犧牲生命，就是要讓下一代活下去。所以有人的「我」是他的家庭，有人的「我」是他的家族。

我在美國讀書的時候，福臨門博士（Dr. Ronald Freedman）幫台灣設立人口統計制度，對台灣人口研究提供很多的幫助，而他們夫妻其中一位的薪水，是要捐到以色列，所以不少猶太人是把整個猶太人當做「我」；德蕾莎修女則是把所有的人類（human being）都當做「我」；佛家把所有生物都當做「我」。

把「我」的範圍放大

研究發現，幫助別人後測量腦波的變化，腦內啡（endorphin）分泌增加，可以變得很快樂，也對免疫系統有所助益。所以捐錢給弱勢者，不只是為了對方，也是為了自己。若一個人實際需要很少，想要卻很多，就會變得很痛苦。

所以陳光標先生講過一句話，我覺得滿好的，他說：「往生的時候還剩很多錢，是個罪惡。」人類是所有生物裡最能夠合作、分工最細的，我身上所有的東西，沒有一件事是我做的，我只是教公共衛生，可是享受了非常好的生活，這來自我們分工跟合作，形成一個團隊。

　　也有社會心理學的研究，如果你跟周遭的人都是差不多一樣的時候，比方說，財富都差不多，而且你正好比較多一點點，你如果做官，而你附近的朋友都是那樣的官，你會覺很輕鬆、自在、快樂。如果別人比你好很多，你會覺得不舒服；別人都很不如你，你也不會更快樂。

　　我在推動器官捐贈的時候，聖嚴法師講了一句話讓我很是佩服，他說：「我們的身體，我們沒有擁有權，因為遲早都要回歸塵土，只有使用權。」你使用的時候，好好使用，萬一你不用的時候，為什麼不讓別人用呢？

　　總之，如果一個族群「我」的範圍比較大，就比較能夠延續；若每個人都自私自利，這族群很快就會自然淘汰。期望我們行事為人，都能抱持利他又利己的心態。

75

奉獻的人，最快樂健康

多項研究顯示，

從事志工及公益活動者，

不但較為健康快樂，還能延年益壽。

　　孔老夫子說：「七十而從心所欲，不踰矩。」如從字面來看，好像到了70歲，什麼事情想做就做。其實真正的涵義是，過了古稀之年，擁有豐富的人生歷練，掌握了知識，不再被外界事物迷惑，當然就少踰矩了（當然，有些事想做也做不來了，所以不會踰矩）。

　　一晃之間，我已年過七旬。俗話說：「人生七十古來稀。」但今日的車站、商場、餐廳，70歲以上的「老人」到處都是，哪會稀奇？目前台灣70%的人活到70歲，60%活到80歲，而且未來比率還會愈來愈高。就以我服務過的

衛生署而言，署長有14位，加上改制為「部」後的部長有4位，共18位，只有最早的4位離世。

奉獻自我能延年益壽

2017年，施純仁前署長離世，享壽84歲，仙逝前無病無痛。對這位一生奉獻台灣衛生及臨床醫療的長者而言，這是種福報（雖然他是虔誠的基督徒）。另外，退休的副署長及各局處長、署（部）立醫院院長，不計其數，也大多健康幸福。

原因除了他們負責公共衛生醫療工作，比較懂得養生外，更重要的是，雖然從事「打破要賠，有功無賞」的工作（一般人只要沒拉肚子、無傳染病，就會忘了衛生系統的存在），但大多數仍無怨無悔奉獻一生，默默做功德，因此大多是幸福快樂的。

活著就要動，多項研究顯示，從事志工及公益活動者，不但較為健康快樂，還能延年益壽。因此我輩除了享受暮年之光，繼續追尋未完成的人生夢想，若尚有餘力，說「廢物利用」或許太妄自菲薄，但大可像多位老友（在此不一一列舉，至少有數百人）一樣「資源回收」，從事各項貢獻社會的公益活動，繼續享受人生。

追求公平正義：楊志良教授

江東亮、林佳霈、牛傑薇

1946年，住在台北鐵路局宿舍的楊家喜獲麟兒。幾年後，鐵道旁多了一個愛玩、愛鬧、愛追火車的身影，但是沒有人知道，這個會因為火車經過而興奮，在冬天因穿著五顏六色拼接毛衣而羞赧的小孩，會成為日後那個台灣最有guts的歐吉桑，人稱大砲署長的楊志良老師。

美麗的巧合 —— 楊志良老師的公衛之路

楊老師從成功高中畢業後，順利考上師大衛教系。當年，這位窮小子一想到畢業後，自己就能擁有穩定的工作與收入，還以為是他這輩子最得意、最快樂的事！但彷彿是命中注定，1968年楊老師自師大衛教系畢業，剛好遇上台大公衛所首次開放招收「非醫學院」畢業生，他毅然決定報考，並且糊里糊塗闖進公衛之路。

在研究所求學期間，楊老師受到許多師長照顧與教

導，除了指導教授吳新英教授外，也擔任陳拱北教授的多項研究計畫助理，並隨著老師下鄉。由於長時間受到陳教授關心弱勢族群的薰陶，加上自己童年挨餓經驗，楊老師心中追求公平正義的種子開始萌芽。

1972年，楊老師取得碩士學位後，因為成績優異而被留下來擔任助教，並且在1975年，獲得美國紐約人口局獎學金，前往密西根大學攻讀博士，主修人口計畫。楊老師在求學過程中，發生差點拿不到全額獎學金的小插曲，幸好遇到當時美國人口統計權威福臨門教授的幫忙，才如期完成學業。

1979年，楊老師順利取得博士學位。當時適逢台美斷交，台灣國際處境艱難，許多留美精英選擇待在美國，但他卻因為心念台灣，毅然收拾行李返台，展開他實踐社會公義的旅程。

為公共衛生教育開創新局

回國後，楊老師繼續在台大公衛所任教，並以「大弟子」的身分幫恩師吳新英教授打點大小事。另一方面，他著手撰寫《生物統計學新論》。1983年新書出版，二、三十年後仍然是暢銷的公衛教科書。

1980年，楊老師改聘為副教授，適逢許子秋署長希望衛生署署局處主管年輕化，大膽啟用新人，包括葉金川擔任醫政處副處長、黃文鴻擔任藥政處副處長，特別指示石曜堂技監邀請楊老師出任保健處副處長。面對官職的邀約，楊老師特地請示吳新英教授，只見吳教授淡淡的說：「抑是賣去咖好！」於是，楊老師繼續留在學校教書和做研究。

　　1984年，吳新英教授的第二任公衛系主任兼所長任期屆滿，力薦楊老師接任，當時這個聘任案令各界訝異，畢竟楊老師並非醫生，大學也不是土生土長的「純種」台大人。面對吳教授如此大膽決定，楊老師事後回想，或許這一切早已安排，就是恩師不希望他離開台大的理由。

　　當年楊老師38歲，是台大醫學院歷年來最年輕的系主任兼所長。在系主任兼所長任內，楊老師不但促成公衛所博士班的設立，並且爭取公衛系所從老舊的二號館，搬進新建完成的醫學大樓。另外，他也以公衛系所的名義，向整建會借到1,500萬裝潢費用，以及與衛生署合辦「全國公共衛生人員研修中心」，邀請吳新英教授擔任中心主任。

　　楊老師對「台灣公共衛生學會」的復會也有功勞。學會原名「中華民國公共衛生學會」，由陳拱北教授等於1972年發起成立，第一屆理事長為當時衛生署署長顏春

輝。遺憾的是，第二屆理事長選後，學會活動便全面停止，直到1981年，在趙秀雄教授等倡議及努力下，才重新召開會員大會，吳新英教授被選為第三任理事長，而楊老師則順理成章擔任祕書長。祕書長任內，楊老師的貢獻之一，就是在1982年12月15日發行《中華民國公共衛生學會雜誌》創刊號（2001年更名為《台灣公共衛生雜誌》）。1986年，當楊老師被選為第五任理事長時，學會的規模已經不可同日而語。

1992～1996年期間，楊老師受邀擔任台大醫院資訊室主任，協助戴東原院長大刀闊斧進行改革，讓原本經營不善的台大醫院不但有結餘款，而且順利解決藥品庫存閒置，與發不出獎勵金等問題。由於不僅協助台大醫院大幅提升電腦系統使用率，更有效增進行政效率，楊老師因此獲得行政院「為民服務績優人員」甲等獎。

1996年，台大公衛學院醫療機構管理研究所成立，楊老師成為第一任所長。他不僅在課堂中講授學術理論，更帶領醫管所師生輪流清掃廁所。楊老師認為清掃廁所也是醫院管理的一部分，要當一個優秀的醫院管理者，必須放下身段，「對外可做禮數，對內可做抹布」。如此真性情作風，讓許多師生又愛又怕。

另一方面，為了提高全國醫院管理人員水準與能力，

楊老師進一步籌設「國立台灣大學醫療機構管理研究所醫院管理人力資源開發學分班」。1997年2月，學分班開始招生，2000年則改設碩士在職專班，成為國內醫管人員在職進修、提升業務交流能力的最佳管道。

2001年，在台大任滿28年的楊老師選擇退休，轉至台中健康暨管理學院（今亞洲大學），開啟他的新人生。他在亞洲大學陸續擔任講座教授、所長、院長、學術副校長等職務，直到2016年再度退休。

以人人公平就醫為使命

受到陳拱北教授的影響，當年楊老師特別關心弱勢族群的就醫議題。陳教授為了解決偏鄉就醫問題，與王金茂署長、台大楊思標院長，共同提議在台北縣貢寮鄉設立「澳底社區醫療保健站」，實驗「自助式社區醫學」的可能性。遺憾的是，陳教授在1978年2月因病去世，改由吳新英教授接棒，而楊老師則在翌年回國後加入團隊。

1980年夏天，澳底保健站已經為地方服務一年半，吳教授指示楊老師要做初步評價。於是，他便與吳淑瓊老師和江東亮老師，帶領一群公衛系學生，到澳底挨家挨戶進行調查。結果發現：保健站營運成本低，民眾滿意度高，

只要政府提供些許補助，再加上民眾的少量負擔，即可維持營運。他們除了在當年台灣醫學會年會上發表外，還將評價報告撰寫成論文，刊登於省公共衛生研究所發行的《公共衛生雜誌》。

　　1983年，在魏火曜教授的推薦下，許子秋署長聽取了楊老師的簡報後，決定以政府的力量建置偏鄉醫療網，開始推動「群體醫療執業中心」（簡稱群醫中心）計畫，並請楊老師主持評估其效益。由於第一期試辦12所非常成功，在試辦結束前，衛生署就決定推廣到全國，並且補助大型教學醫院派遣醫師前往支援。截至全民健保開辦時，全台已有超過170所群醫中心。

　　然而，要真正達到就醫公平性，就必須去除就醫時的經濟障礙。設置群醫中心雖然可以免去出外看病的舟車勞頓，對沒有公、勞保的民眾而言，因為還是要自己負擔所有的醫療費用，反而惡化了就醫差距。換句話說，群醫中心解決了「無醫鄉」的問題，但沒有解決「看病貴」的問題。幸好不久之後，全民健保時代即來臨。

　　關於全民健保的起源，可以追溯至1986年2月28日，行政院院長俞國華在立法院宣布，於2000年開辦全民健保。隔年10月27日，科技顧問組李國鼎資政上簽俞院長，建議組成全民健保規劃專案小組。1988年7月，經建

會正式借調楊老師、吳凱勳教授與江東亮老師三人，成立全民健保規劃專案小組，展開規劃工作。兩年後，專案小組提出「全民健康保險制度規劃報告」，成為今日台灣健保制度的藍圖。

1990年7月起，第二階段規劃工作由行政院衛生署接辦，而楊老師與江東亮老師也因借調期滿歸建台大。1991年冬，由於衛生署尚未提出法案，立法院厚生會擔心全民健保會跳票，力邀楊老師籌組法案研擬小組。一年後，厚生版草案出爐，接著衛生署版草案報院，行政院則於1993年4月將全民健保法草案函送立法院審議，並成立跨部會推動小組。在眾志成城之下，1995年3月1日，全民健保終於正式上路，但願從此台灣不再有醫療窮人。

除了規劃全民健保外，楊老師也擔任醫院管理要角，對各大醫院管理做出貢獻。1990年，中華民國醫院協會理事長楊敏盛先生，邀請楊老師擔任祕書長。他在任職四年間，成立台灣病歷管理培訓班，積極辦理疾病分類人員考試，也向美國醫院協會爭取無償授權翻譯ICD-9-CM處置碼中文版及其應用手冊，為台灣實施DRG制度打下基礎。1993年，楊老師受邀擔任台灣教會醫療院所協會無給職顧問，為了更好的服務偏鄉教會醫院，他總是自行開車赴每個教會醫院拜訪，提供醫院經營管理的意見，也認真說明

實施全民健保的願景及因應之道。楊老師有感於偏鄉教會醫院經營不易，更免費提供公、勞、農保費用申報軟體，以及購買電腦設備贈給東部的醫院，使得醫院經營管理更加順利。

為拯救健保，甘心請辭下台

2009年，楊老師被借調入閣，擔任衛生署署長，這是他第三次進入政府部門，1999年，他曾短暫擔任衛生署政務副署長。有感於實施十多年的健保已經連年虧損，累積財務赤字愈來愈大，楊老師從上任的第一天起，就展開搶救健保財務大作戰。

為了鞏固健保財務，楊老師提出了調漲保費的想法。然而，調漲保費容易得罪所有選民，是吃力不討好的改革。為了化解爭議，楊老師與署內同仁抓住每一次的溝通機會，包括媒體的採訪都有問必答，只希望民眾多了解健保好處及困境。另一方面，當朝野無法達成共識，即將捨棄原有費率調整方案時，楊老師又以請辭署長迫使層峰採「單一費率、差別補助」的折衷方案。終於在2010年4月1日，立法院通過調漲方案。或許是因為楊老師秉持「民之所欲，長在我心」的信念，與過去結局不同的是，這一次

調高保費之後，健保滿意度不降反升！

除了調整保費費率外，早在2000年，有感於健保恐面臨嚴重財務虧損，衛生署便成立「全民健康保險體檢小組」，由楊老師擔任執行長，並於隔年提出體檢報告，指出規劃二代健保的必要性。但二代健保修法一再擱置，直到楊老師擔任署長才重新啟動，並且在他的努力下，立法院終於在2011年初通過《全民健康保險法》修正案。雖然遺憾未能通過原先以家戶總所得繳交健保費的規畫，但改以針對兼職、股利、高額獎金等收入開徵補充保險費，稍稍緩和財務赤字，大幅改善醫療財務籌措的公平性。

二代健保修法過關後，楊老師隨即揮揮衣袖，毫不留戀的請辭，並透過網路公益拍賣他的公事包。原以為這個已被使用到磨損脫線的真皮包包頂多能賣到5,000元，沒想到在經過媒體好友大力行銷、網友們熱情相挺下，以5,000,900元結標，得標者鴻海集團董事長郭台銘，也在包包上題了「好膽愛心包」幾個字後歸還給楊老師，他則轉捐給健保局。最後，這筆錢再加上楊老師個人加碼的50萬，一同捐給健保愛心專戶，也創下專戶單筆捐款的最高紀錄，為他署長之位的結束，畫下有趣的一筆。

從最年輕的所長，到最白目的大砲署長，楊老師始終以〈禮運篇・大同章〉中的「老有所終，壯有所用，幼有

所長，鰥寡孤獨廢疾者，皆有所養」為一生追求的目標，他不戀棧的個性使人稱其「楊一任」。也因為如此，他擔任過許多重要職務，更高更遠的觀察社會所需，以自身專長奉獻社會，以期達到更美好的未來。

離開衛生署以後，楊老師仍然堅持自己的信念，關心台灣的未來，挑戰這個尚未完全實現公平正義的社會。近年來，他不但長期投書媒體、參與社論節目，而且已陸續出版《拚公義，沒有好走的路》、《台灣大崩壞》、《分配正義救台灣》，以及《中華民國如何不亡！？》四書。總之，楊老師是公衛界的唐吉訶德，他正在走一條充滿公衛精神、不斷挑戰不平等、不斷追求公義的路。

對公衛學子的期許

楊老師認為現在是一個混沌的時代，民主沉淪為民粹，知識份子除了要開放胸襟、建立自信外，更要發揮影響力，將所學回饋社會。他說：「台大學生在學期間接受如此多的社會資源，吃人一口不能還人一斗，最少也要還人半口。」

楊老師清楚記得1961年1月，當他還是建中初中三年四班學生時，甘迺迪說：「Not ask what your country can do for you, ask what you can do for your country!」因此，他特別期許大家：不要只問政府能為我做什麼，偶爾也要自問能為國家社會做些什麼；要理解貧病交迫的苦，以及「利他就是利己」，多幫助弱勢族群。

另一方面，楊老師則期許公衛學子要有思辨的能力。他曾問過很多年輕人，包括研究生和訪問他的記者：勞保費率應該是高一點好？還是低一點好？幾乎每次都回答「低一點好」。真是遺憾，雖然自己可以少繳幾十元，但是卻讓雇主逃脫了70%的責任，所以今日勞保基金非倒不可，已無可救藥。

這次新冠肺炎疫情非常嚴重，雖然執政者已超前部署，但人民卻面臨篩檢難、接種疫苗也難的困境。楊老師希望大家好好想一想，台大有沒有愧對國人？在這樣的時刻，我們是否應該停止鬥爭和不斷的內外宣？

最後，無論如何，楊老師誠摯希望每一個人都平安、健康，又幸福。

（原文收錄於巨流圖書出版之
《拓墾與傳承：台大公衛系五十年資深師長群像》
經作者同意授權轉載）

人與土地 35

生存革命

作　　　者／楊志良
責任編輯／廖宜家、陳子揚（特約）
主　　編／謝翠鈺
企　　　劃／廖心瑜
資深企劃經理／何靜婷
美術設計／江孟達工作室
內頁排版／立全電腦印前排版有限公司

董 事 長／趙政岷
出 版 者／時報文化出版企業股份有限公司
　　　　　一〇八〇一九 台北市和平西路三段二四〇號七樓
　　　　　發行專線／（〇二）二三〇六六八四二
　　　　　讀者服務專線／〇八〇〇二三一七〇五
　　　　　　　　　　　（〇二）二三〇四七一〇三
　　　　　讀者服務傳真／（〇二）二三〇四六八五八
　　　　　郵撥／一九三四四七二四時報文化出版公司
　　　　　信箱／一〇八九九臺北華江橋郵局第九九信箱
時報悅讀網／ http://www.readingtimes.com.tw
法律顧問／理律法律事務所 陳長文律師、李念祖律師
印　　　刷／勁達印刷有限公司
初版一刷／二〇二一年九月十日
定　　　價／新台幣三九〇元
（缺頁或破損的書，請寄回更換）

時報文化出版公司成立於一九七五年，
一九九九年股票上櫃公開發行，二〇〇八年脫離中時集團非屬旺中，
以「尊重智慧與創意的文化事業」為信念。

生存革命 / 楊志良作 . -- 初版 . -- 臺北市：時報文化
出版企業股份有限公司, 2021.09
336面；14.8×21公分 . -- (人與土地；35)

ISBN 978-957-13-9405-3(平裝)

1. 言論集

078　　　　　　　　　　　　　　110014286

ISBN　978-957-13-9405-3
Printed in Taiwan